Dominique Catteau

Petite introduction à la lecture de Nietzsche

à Anne et Emmanuel

Édition : BoD – Books on Demand,
12/14 rond-point des Champs-Élysées, 75008 Paris
Impression : BoD - Books on Demand,
Norderstedt, Allemagne
ISBN: 9782322401109
Dépôt légal : Novembre 2021

Lire et comprendre Nietzsche

En un sens, la renommée de Nietzsche n'a pas eu la chance de tomber directement dans l'oubli. Un peu comme celle de Berlioz. Le silence des oubliettes de l'histoire ne les a pas recouverts de sa protection. La vérité exige d'ajouter qu'en l'affaire, la responsabilité de l'un et de l'autre travailla dans le sens qui leur ferait ensuite le plus grand tort. Ils se savaient neufs dans leur temps, et donc difficilement compréhensibles par leurs contemporains, mais refusèrent de céder si vite au découragement. Au contraire même, ils s'obstinèrent d'autant plus à mener grand tapage pour faire entendre un chant inouï à des oreilles qui n'étaient pas préparées à le recevoir. Ils s'attirèrent ainsi beaucoup de haine et de ressentiment, surtout parmi les influents d'alors, qui n'apprécient jamais qu'on les dépasse en révélant leur infériorité satisfaite de la reconnaissance mondaine, musiciens d'école pour Berlioz, universitaires et wagnériens pour Nietzsche, qui allaient vite profiter de leur position établie pour s'en venger par la calomnie. Dès qu'une œuvre se retrouve orpheline de son auteur, surtout si elle réclame des qualités rares de compréhension, elle est à la merci des déformateurs peu scrupuleux. Les malintentionnés peuvent s'en donner à cœur joie.

Par boutade, Berlioz écrivait déjà en 1840 : « J'ai même des jaloux au royaume des ondes... »[1]. Rester inconnu, c'est à tout le moins rester préservé, piètre consolation. Mais méconnu, c'est pire : connu, mais mal, pour ce qu'on n'était pas. Comme Nietzsche : agrégé de force à des causes qu'il ignorait ou qu'il rejetait. Faut-il rappeler encore les sens ou plutôt les contresens dont on affubla son œuvre posthume, pour mieux le forcer à dire ce qu'il n'avait jamais voulu dire. L'Allemagne d'aujourd'hui hésite encore à ouvrir ses livres, par mauvaise conscience, réellement déplacée. Pourtant il avait vu le danger, et avait multiplié les précautions pour préserver son nom de l'outrage de la déformation. Dans une lettre de 1884 à Malwida von Meysenbug, il notait lucidement : « Qui sait combien de générations il faudra pour produire quelques hommes qui comprennent dans toute sa profondeur ce que j'ai fait ? Et même alors, je suis effrayé en pensant à tous ceux qui, totalement incompétents et sans justification, se réclameront un jour de mon autorité. Le supplice de tous les grands maîtres à penser de l'humanité : ils savent qu'au gré des circonstances et des accidents, ils *peuvent* conduire l'humanité au malheur, aussi bien qu'au bonheur »[2]. Trahissant sans le savoir leur être propre, les incompétents souligneront à l'envi son évidente mégalomanie, puisqu'il ne tremble pas de se compter lui-même

---

1   Lettre à Eugène Delacroix, entre mai et juillet 1840
2   NRS, p.303

parmi les « maîtres à penser », mais ils seraient autrement avisés de ne pas oublier le début de la même phrase qui l'éclaire d'humilité douloureuse. Car cette fière reconnaissance lui donne sujet à « supplice », et non pas à l'enivrement de la vanité flattée. Le supplice de la grandeur, et donc la preuve de son authenticité, la pleine conscience du danger d'être déformé. Ce qui provoque à redoubler les efforts qu'on attend rarement de la plume de Nietzsche : « Cela étant, je veux moi-même tout faire au moins pour ne pas favoriser les malentendus les plus grossiers ». Autant dire que le destin ne l'aura pas épargné.

Accordons lui au moins ce scrupule. Par principe, il faut donner raison à l'auteur qu'on aborde. Ou s'abstenir de l'aborder. Quitte à demeurer vigilant pour vérifier par après s'il tient ses promesses. Nietzsche savait le danger de son œuvre : a-t-il réussi à en préserver son lecteur ? Danger dans son contenu, bouleversant de nouveauté, mais aussi dans sa forme, inusitée en philosophie. Car Nietzsche s'est toujours présenté comme le maître de l'aphorisme : « l'aphorisme, la sentence, où le premier je suis passé maître parmi les Allemands… dire en dix phrases ce que tout autre dit en un volume – ce qu'un autre ne dit pas en un volume »[3]. Or l'écriture aphoristique, quelle que soit par ailleurs sa justification personnelle, présente aux éventuels commentateurs de redoutables écueils. On

---

3   CI, p.125

expliquera toujours la propension de Nietzsche pour cette forme privilégiée par son ancienne attirance pour les Présocratiques, ou bien on rappellera, non sans justesse, sa nécessité quasi-biologique pour un homme que les horribles maux de tête ne laissent guère concentrer son attention un long moment et qui n'a comme remède que les longues marches à pied où les idées lui tombent dessus au détour d'un sentier avant qu'il ne les griffonne à la hâte sur le carnet qui ne le quitte pas. Le fait n'en demeure pas moins : Nietzsche écrit par aphorismes, à la limite, il n'a jamais écrit autrement, il le sous-entend lui-même dans la même page qu'on citait plus haut en enchaînant immédiatement de l'aphorisme à Zarathoustra. Surprenant au premier coup d'œil, mais pas longtemps : même dans *La Généalogie de la morale* qui représente bien son texte le plus composé, les paragraphes des dissertations sont développés mais sont encore des aphorismes. Quoi qu'on dise, Nietzsche relie toujours soigneusement ses pensées et leurs progressions à l'intérieur de tous les paragraphes, mais d'un paragraphe à l'autre la transition, quand elle existe, reste presque toujours sous-entendue. C'est le drame de l'aphorisme pour le commentateur : l'absence de contexte. Voilà pourquoi Nietzsche apparaît comme un auteur difficile à lire, et à comprendre. On bute sur une pensée, on voudrait savoir d'où elle vient, on aimerait l'éclairer en sachant où elle va et ce que l'auteur veut en faire, mais on ne saura rien. Nietzsche n'a jamais craint la stupéfaction de son lecteur, ce dernier ne peut s'en prendre qu'à lui-même. D'où les risques et les dangers : pour peu qu'un malin veuille briller à détourner un sens, il en aura beau jeu, l'auteur lui aura pour ainsi dire ouvert la porte. Car c'est l'auteur lui-même qui court-circuite délibérément le refuge du contexte explicatif.

Il faut donc d'abord prendre acte du fait : l'évidence de la difficulté est brutale, sans fard ni nuance. Il convient donc de lire Nietzsche avec prudence et circonspection. Gare aux falsificateurs de tous bords, toujours enclins à découper, isoler, bouturer, greffer, plaquer, pour mieux faire dire à l'auteur ce qu'ils attendent d'entendre. Les plus renommés s'y sont parfois laissés aller, même quand leur volonté de compréhension ne pouvait être remise en doute. Les brillantes dissertations de Heidegger sur « la volonté de puissance en tant qu'art » peuvent continuer de déranger, non pas que sa thèse soit entachée de fausseté irrémédiable, mais parce que la méthode qu'il utilise ressemble fort à une arrogante acrobatie. Il fonde en effet toute son analyse sur le croisement de deux aphorismes isolés. Le premier : « aujourd'hui encore, écrivait Nietzsche en 1888 à propos de *La Naissance de la tragédie*, j'éprouve une horreur sacrée devant cette discordance » (entre l'art et la vérité). L'autre, répété par Nietzsche tout au long de son œuvre : « Ma philosophie est une inversion du platonisme ». Asseoir toute une lecture sur l'addition de trois ou quatre lignes, c'est s'autoriser une belle improvisation personnelle, mais aussi risquer d'autant plus de manquer l'élucidation d'une pensée et d'une personnalité profondes. En fait, Nietzsche exige de son lecteur une attention minutieuse à ce qu'il fait et à la façon dont il le fait. Ce qui impose au lecteur un devoir de méthode commençant toujours par le discernement soigneux de toutes les sources de difficultés.

*

Les principaux écueils se répartissent facilement en deux grandes catégories. Distinction facile en effet, parfois simpliste, tant il est vrai que chacun des points de vue est infléchi lourdement par l'autre, mais pédagogiquement utile pour présenter les choses avec clarté : un certain nombre de difficultés tiennent à la forme d'exposition, les autres au contenu même de cette pensée hors-norme.

Formellement parlant, son écriture se situe à mille lieues des habitudes canoniques de la philosophie. Nietzsche n'écrit pas comme les philosophes, et surtout pas comme les universitaires. Ce faisant, il désarçonne les professionnels avertis de la philosophie qui n'y retrouvent pas leurs usuelles béquilles, comme il désarme d'avance les apprentis philosophes, façonnés à leur insu par des structures mentales plus sacralisées qu'on ne croirait. Il exaspère même volontiers le lecteur occidental : pas de démonstration rigoureuse, même s'il ne faut rien exagérer, pas de traité épuisant des sujets définis, introduits, développés, pas même de dialogue dans lesquels des personnages plus ou moins bien campés abordent leurs questions avec toute l'ascèse nécessaire à la recherche intellectuelle. Mais l'apparence de la profusion, à la limite parfois de la prolixité, de la débauche d'images, pour ne pas dire du débraillé mental. C'est le style du poète que Nietzsche aime à revendiquer, non celui du « glacial logicien ». Pas interdit de remarquer en passant que la formule désignait sous sa plume le vieux Parménide qui paradoxalement ne laissa à la postérité qu'un vaste poème philosophique. Mais à une distance infinie de la luxuriance visionnaire de *Zarathoustra,* autant que du lyrisme brûlant de *Par delà Bien et Mal,* ni même de la puissance incisive de la philosophie du marteau dans ses derniers textes. Déroutés par ce flot d'images où ils ne retrouvent pas les garde-fous de leurs concepts, indisposés par cette évocation incantatoire qui dévale selon eux inutilement au long de ses pages, les philosophes de métier déposent leurs lunettes, non sans frayeur, et referment ces livres qui décidément dégagent trop de fumée pour leurs narines délicates : cela n'est pas d'un philosophe, par conséquent, il n'est pas philosophe. À tout prendre, ces derniers qui sont encore les plus nombreux[4], sont aussi les plus honnêtes : avouant

---

4   Même si les choses ont bien changé depuis une cinquantaine d'années...

ainsi leur incompréhension, ils ne lui font du moins aucun mal irréparable.

Heureusement ces positions de principe ont leur explication, qui permettent d'ouvrir peu à peu les portes de l'intelligence à tous ceux qui s'efforcent de chercher encore. Car cette surface conduit à la profondeur : un aveu, provenant de Nietzsche lui-même et très souvent repris en écho par ceux de son entourage personnel qui l'auront le mieux deviné, par exemple Lou Salomé dans son *Journal pour Paul Rée,* auquel elle s'adresse nommément : « Ton style veut convaincre la tête, c'est pourquoi il possède une clarté et une rigueur scientifique, évitant toute émotion. Nietzsche veut convaincre l'individu tout entier, il veut que sa parole plonge dans l'âme et en retourne les profondeurs, il ne cherche pas à instruire, mais à convertir »[5]. Vu par l'intéressé lui-même : « mon imagination et *hoc genus omne* d'esprit sont plus forts que ma raison »[6]. Cela dit, si Nietzsche avait voulu acquérir cette capacité d'expression logique, rien n'aurait pu l'en empêcher. S'il ne l'a pas fait, c'est qu'il avait ses raisons. C'est en fait un refus délibéré, radical, presque congénital. Agir autrement eût été une trahison envers lui-même, ni plus ni moins : philosophiquement Nietzsche veut prendre ses distances avec l'esprit de système et ses exigences pour lui appauvrissantes. Par soupçon vis à vis de la

5   NRS, p.158
6   NRS, p.257

logique et de ses concepts simplifiés, par défiance vis à vis des structures d'un langage trop intéressé à l'efficacité de l'action rien qu'humaine, Nietzsche rejette les procédés de l'une et de l'autre. Une vérité bien charpentée, symétriquement balancée, solidement étayée lui paraît immanquablement trop belle pour être vraie. Le système est toujours trop rassurant pour celui qui l'édifie, les réponses définitivement démontrées par déductions et enchaînements imparables, garantissent trop pour le penseur la solide assise, l'inébranlable assiette et le mortel assoiement. Minant tout édifice théorique par le dévoilement du besoin de repos en l'homme fatigué qui l'a patiemment projeté et construit pour calfeutrer sa vieillesse, Nietzsche rompt les amarres et les repères de la forme systématique. La vérité exige le désintéressement personnel, pire, réclame sa propre blessure. La souffrance devient le gage qu'on ne la déforme pas pour s'en protéger, mais qu'on accepte le risque, l'aventure, l'ouverture, les errements du voyageur qui point ne s'arrête et de l'infatigable marcheur capable de traverser les solitudes les plus effroyables.

Tant pis donc si l'édifice de la vérité ne se construit pas progressivement et logiquement, tant pis si la recherche courageuse accule quelquefois dans les impasses, tant mieux enfin si les questions restent sans réponse. C'est le prix de la vie. On peut dire cela autrement : Nietzsche qu'on accuse si facilement d'incohérence se montre ici d'une cohérence sans faille. S'il nous avait donné l'exposé systématique, dont on nous dit encore qu'il l'a rêvé toute sa vie sans pouvoir l'atteindre, c'est lui qui se fût contredit. Il ne l'a pas fait, parce qu'il ne *pouvait* pas le faire. Non qu'il n'en avait pas les capacités, mais parce qu'il aurait aussitôt cessé d'être ce qu'il voulait devenir. Et si le professionnel de la philosophie tremble devant le manque de repères établis, c'est sa faute à lui, pas celle de Nietzsche.

La deuxième difficulté, toujours répétée comme un lancinant *Leitmotiv*, n'est qu'une autre façon de dire la même chose en revenant sur cette préférence pour l'écriture aphoristique qu'on a mentionnée plus haut. Il convient de préciser l'enjeu du problème : le poème recourt au symbolisme et l'aphorisme ne saurait être que bref, ou du moins que refermé sur lui-même. Ce qui implique, pour le premier sinon pour les deux, l'équivocité incontournable du propos, là où le philosophe attend la clarté d'un sens unique ; pour le second, sinon encore une fois pour les deux, l'absence de contexte, le manque d'explication, le vide de développement. Comme si l'auteur nous lançait à nos risques et périls : comprenne qui pourra ! Comme s'il éprouvait un plaisir douteux à aiguillonner son lecteur pour mieux l'abandonner ensuite à sa stupeur. Nietzsche n'explique pas ce qu'il veut dire : ou bien on n'y comprendra goutte, en déclarant péremptoirement qu'il n'y a rien à y comprendre, ou bien on lui fera dire tout ce qu'on veut et n'importe quoi. On omet alors la volonté même qui préside à l'écriture nietzschéenne, la plus profondément philosophique, et qui lui impose de ce fait le choix de ses formes littéraires. Nietzsche n'écrit ni pour les exégètes qui glosent à propos, ni pour les Talmudistes qui délaient indéfiniment leur Torah, ni pour les disciples qui bêlent servilement la pensée de leur maître. On sait que Zarathoustra renvoie ceux qui le suivent et qui voudraient le voir penser à leur place. Et souvent on oublie la pensée positive qui s'affiche au cœur même de ce rejet : comme pédagogue, comme philosophe – simplement cohérent avec lui-même – Nietzsche veut dans son enseignement et ses écrits provoquer ceux qui l'entendent à prendre en charge leur propre pensée. Jamais il n'a voulu devenir un maître-penseur. Grossier contresens qui révèle qu'on n'a pas su en lire une ligne. L'aphorisme, par excellence, est cette pensée brutale, aiguë, incisive, condensée qui vous oblige à réagir personnellement. Provocation, forme simplifiée, volontiers caricaturée donc outrée, qui doit d'abord choquer, et appeler ensuite à repenser seul le même problème, la même difficulté, au risque de lui découvrir une autre solution que celle de l'auteur. Ni glosant ni bêlant, le lecteur de Nietzsche doit savoir emporter avec lui au creux de sa mémoire impressionnée la « petite vérité » cristallisée dans une forme aisément mémorisable, c'est-à-dire brève ou chantée, il doit savoir la laisser décanter, la ruminer, jusqu'au moment où l'alchimie mystérieuse de sa propre pensée lui en révélera le sens fulgurant pour lui-même. Selon la volonté expresse de l'auteur, aphorisme et poème sont faits pour « être appris par cœur ». Alors seulement cette « petite vérité » vivra en lui et sera devenue sienne. Nietzsche abhorre les lâches et les paresseux, endormis dans leur torpeur, qui répètent éternellement des vérités toutes faites, achevées, mortes.

Il y a autre chose encore. L'équivocité poétique des symboles répond à une méfiance à l'égard de l'efficace sécurité du discours langagier. Nietzsche s'est trouvé ici devant la plus grosse difficulté de son travail, toujours par cohérence, et non l'inverse. Critiquer le langage en tant qu'il appauvrit le réel, c'est bien, et presque facile. Mais alors comment l'écrivain qu'il est pourra-t-il surmonter les défauts de ce langage qu'il est bien obligé d'utiliser à son tour ? Comment parler pour juger la parole ? Comment parler encore après l'avoir condamnée ? Problème inévitable, solution périlleuse. En tout cas, on pressent que Nietzsche ne pourra pas utiliser le langage comme les autres. Le mot et le concept identifient le non-identique et nient ainsi la vie dans son être bariolé et son devenir foisonnant. Mais, pour stigmatiser ces abus, l'écrivain n'a que des mots sous sa plume. Il lui faudra donc en user différemment, non plus pour appauvrir la signification, mais pour l'enrichir. Délibérément, l'usage verbal, dût-il nous perdre dans son dédale, revendiquera l'équivocité, le double ou le triple sens : il ne désignera plus, il suggérera. Comme la musique. De ce fait, l'écriture se fera incantation, rythme, jeu nuancé des sonorités, en un mot poésie.

Nietzsche ne s'est pas privé de le marteler : le souci de la musicalité de sa phrase, même prosaïque, l'a toujours habité. Si donc on n'a pas le sens du rythme, si on ne lit pas à haute voix, si on n'a pas de doigté pour les nuances, il est vain de prétendre lire ses textes. La croix de ses traducteurs. Et la signature de la cohérence profonde de ce virtuose de la langue allemande.

*

À supposer qu'il y ait un sens à reproduire ici cette distinction – on verra vite qu'il y en a fort peu –, tentons de dresser maintenant la liste des difficultés matérielles inhérentes à la pensée même de Nietzsche, c'est-à-dire celles qui tiennent à son contenu. Deux écueils notoirement redoutables attendent le lecteur. D'abord le plus connu, à la frontière de la forme et du fond, inlassablement rebattu, dont on ne cesse de se plaindre avec une amertume dépitée, comme s'il menaçait tout effort pour comprendre, la présence de formulations contradictoires. Il est vrai que sur ce point Nietzsche ne nous a pas épargnés et qu'il donne l'impression d'avoir multiplié les occasions d'exaspérer son lecteur par des propositions qui se contredisent les unes les autres. Question plus grave pour le philosophe que pour tout autre : peut-on ici accepter la contradiction ? Celle-ci n'annule pas aussitôt ses propos ? La tentation de la conclusion peut-elle être repoussée : ineptie, inanité ? La contradiction est l'ennemie de la pensée, à plus forte raison quand elle essaie d'être rigoureuse et partagée, la vérité répète-t-on depuis l'aube de la philosophie, ne peut se contredire, et celui qui s'obstinerait à admettre la légitimité de propositions contradictoires se condamnerait lui-même à reconnaître le bien-fondé des arguments adverses lui interdisant cette position. Position exactement intenable, on n'attente pas impunément au principe d'identité. Car pour établir son rejet, il faudrait encore l'utiliser, et donc le reconnaître.

Nietzsche aurait-il laissé échapper cette constatation ? En tout cas, pour nous lecteurs, la question est incontournable : jusqu'où peut-on et faut-il accepter des formules contradictoires sous sa plume ? Mais sont-elles bien contradictoires, ou seulement apparemment contradictoires ? Les exemples de telles formulations sont même tellement nombreux chez lui qu'on finit par se demander si toute formulation importante à ses yeux ne *devait* pas trouver quelque part ailleurs sa contradiction. Cet ailleurs, à lui tout seul, étant déjà un pressentiment de solution. Deux exemples, parmi ceux qui me tiennent à cœur : j'ai cité plus haut la lettre à Malwida von Meysenbug dans laquelle Nietzsche affirmait sa hantise d'être mal compris : « je veux moi-même tout faire pour ne pas favoriser les malentendus les plus grossiers »[7]. Au paragraphe 270 de *Par delà Bien et Mal*, il tranche brutalement

---

7   NRS, p.303

au sujet des esprits libres : « Il est des "hommes joyeux" qui se servent de leur gaieté pour qu'on les comprenne mal : ils *veulent* être mal compris ». Que comprendre ? Volonté d'être bien compris, ou du moins le moins mal possible, ou volonté inverse de multiplier les malentendus et de rester caché et masqué ? On peut s'irriter, ce Nietzsche décidément ne sait pas ce qu'il veut. Et pourtant ces formulations incontestablement contradictoires par lesquelles Nietzsche est réellement passé dans sa vie et dans son œuvre, expriment diversement la même et unique volonté profonde qui oriente de fait toute l'œuvre et toute la vie de leur auteur. Pas question de réintroduire ici la distinction périmée de l'apparence de contradiction et de la réalité de la cohérence. Il s'agit plutôt d'une attitude unique qui épanouit sa richesse harmonique selon les perspectives dans lesquelles elle résonne : la première citation date de 1884, le très énigmatique *Zarathoustra* vient d'être partiellement édité, Nietzsche s'adresse dans un texte privé à une amie qui lui est chère. La seconde est de 1886, ses échecs répétés commencent à lui cuire, il réagit de façon hautaine publiquement face à ses lecteurs potentiels qu'il peine à atteindre et qui refusent de l'entendre, et dont il transmute alors l'incompréhension en preuve supplémentaire de sa propre valeur. Personne n'a jamais refusé la compréhension d'autrui, surtout pas un auteur, quoi qu'on en dise et en pense. Tous la recherchent. Mais certains, usés d'y tendre en vain, se drapent dans la fierté de l'incompréhension qu'il récolte des indignes. Voilà le cœur, unique. Berlioz avait connu le même dépit : « Il faudrait cent cinquante ans pour venir à bout de ces gredins de crétins », et s'était lui aussi drapé dans la superbe de l'orateur grec, honteux de son propre succès : « Le peuple m'applaudit ! Aurais-je dit une bêtise ? ». Impossible de s'y tromper : être compris des autres, certes oui, mais pas n'importe lesquels. L'harmonisation de la fondamentale ne doit pas être entendue autrement : être compris des égaux (« comprendre, c'est égaler »), de ceux qui sont dignes de comprendre, et rester incompris et incompréhensibles pour tous les autres. Où est la contradiction, sinon dans les simplifications isolatrices du langage trop logique ? En un sens, tout Nietzsche résumé en deux formules consonantes.

Autre exemple, peut-être moins épidermiquement personnel, plus et mieux théorisé. À propos de l'univers dans son ensemble, le paragraphe 5 de *La Naissance de la tragédie* lance : « l'existence et l'univers ne sont éternellement *justifiés* qu'en tant que *phénomène esthétique* »[8]. Quelque dix ans plus tard, dans le paragraphe 109 du *Gai Savoir*, Nietzsche poursuit sans scrupule : « Mais le caractère du monde est au contraire celui d'un chaos éternel, non du fait de l'absence d'une nécessité, mais du fait d'une absence d'ordre, d'enchaînement de formes, de beauté, de sagesse, bref de toute

_____

8   NT, p.42

esthétique humaine »[9]. Flagrant délit de contradiction ? Inutile de tenter de résoudre cette dernière en invoquant le poids des mots d'allure un peu trop schopenhauérienne. Certes le « phénomène » dans *La Naissance de la tragédie* rappelle l'objectivation du Vouloir profond, mais dans le *Gai Savoir* cette distinction a été abandonnée par Nietzsche. Le monde « phénomène esthétique » recouvrant un En-soi non-esthétique, voilà un relent schopenhauérien auquel Nietzsche souscrivait encore en 1872, mais plus en 1882. la solution doit résider ailleurs, au creux de la seule pensée personnelle de Nietzsche. À réécouter les harmonisations différentes, on entend mieux qu'il s'agit bien du même thème : quand Nietzsche soutient que le monde n'est justifié qu'en tant que phénomène esthétique, c'est d'abord pour souligner fermement qu'il ne comporte aucune dimension morale. La disjonction exclusive des contraires Bien et Mal trahit trop l'intéressement humain, donc l'erreur. Le monde dépasse ces pauvres artifices et accorde en se jouant les contraires dans une synthèse artistique qui n'a que faire du point de vue réducteur des hommes. Inversement si le monde n'a rien de la dimension esthétique des hommes, c'est encore et toujours parce qu'il ne répond à rien d'humain, ni quant à l'exigence de la distinction morale, ni même quant à celle de la forme esthétique. Dans le premier cas, le monde peut être justifié esthétiquement dans

---

9   GS, p.153

la mesure où il relèverait de la Beauté qui inclut et dépasse la dichotomie trop humaine du Bien et du Mal. Dans le second, le monde est vide d'esthétique dans la mesure où il se situe encore au-delà des exigences rien qu'humaines de la Beauté. Bref dans les deux cas, le monde est affirmé répétitivement comme étant en dehors des attributs et des attentes strictement humaines.

Mais il y a plus et mieux encore. Dans *La Naissance de la tragédie*, Nietzsche est en train de définir l'activité artiste. Dans le *Gai Savoir*, il jauge la connaissance que les hommes croient élaborer du monde. Ici l'existence comme phénomène esthétique se voit justifiée en tant que projet créateur et informateur : c'est l'œuvre à réaliser, c'est le matériau que le génie doit ordonner pour qu'il devienne chef d'œuvre : « par l'acte esthétique, le génie se confond avec cet Artiste de l'univers... ». Peu importe qu'ici l'amarre ne soit pas encore tout à fait rompue avec les cadres conceptuels schopenhauériens, même si Nietzsche prétend déjà en rectifier la portée, l'important c'est l'intuition profonde qu'il répétera inlassablement de mille manières : l'existence est l'œuvre en gestation pour l'esprit libre, comme le chef d'œuvre l'est pour l'artiste. L'existence ouvrira tôt ou tard à l'action informatrice d'une poétique de soi. Il est normal en ce sens que l'existence ne soit finalement justifiée qu'en tant que matériau de l'activité artiste du génie en particulier et de l'homme bientôt surhumain en général. Là, le monde, non plus en tant que projet à faire mais en tant qu'objet de connaissance de ce qu'on le croit être, se trouve alors dénoncé par Nietzsche comme n'étant pas à la mesure du petit entendement des hommes : le monde que nous croyons et prétendons connaître, reste radicalement impénétrable à nos petites exigences humaines. Il n'est ni un vivant, ni une machine, ni même une universelle symphonie. La vérité du monde n'est jamais celle de l'homme, ou si l'on préfère, il n'y a pas de vérité du monde qui nous soit accessible. Donc peut-être pas de vérité du tout, puisque la vérité n'est qu'une exigence humaine. Ou encore, pour réunifier ce qui n'était pas séparé, la seule vérité du monde, ce n'est pas d'*être*, mais c'est d'*être à faire*. Le matériau en lui-même ne saurait avoir d'autre vérité que celle d'attendre l'action informatrice. Les deux affirmations n'en font qu'une. Il n'y a pas de contradiction, mais un éclairage perspectiviste ou harmonique différent. En tant qu'il est, c'est-à-dire qu'il est un matériau en attente d'une mise en forme, il n'a évidemment aucune valeur esthétique. Pour la même raison, mais par une sorte de contre-champ, il ne peut recevoir sa valeur, nécessairement esthétique, que de sa mise en forme sous l'action du génie, de l'artiste, de l'esprit libre. La vérité est femme[10], donc mère, matière, matériau. Dans la femme, tout est énigme, et le mot de l'énigme est grossesse : « Le but est toujours

---

10 PBM, Avant-propos

l'enfant »[11]. Dit autrement, dans le monde il n'y a pas de vérité donnée, la seule vérité est l'œuvre, à faire. C'est la tâche de l'homme vraiment homme, donc déjà un peu surhumain : « Il veut ». L'Artiste de l'univers. En somme, une seule intuition directrice, et des variations sous des harmonies différentes.

Ce n'est pas tout. La seconde difficulté de lecture, qu'on peut dire encore matérielle, condense en un sens toutes les autres, tant de forme que de contenu. Elle a trait aux notions élaborées par Nietzsche. On hésiterait même à les désigner par leur dénomination habituelle de concepts, outils obligés des théoriciens. Car il est impossible d'oublier les critiques sans appel que Nietzsche n'a cessé d'accumuler contre eux. Si donc on use par commodité de ce vocable consacré, il convient de le nuancer aussitôt par une épithète qui empêchera de le simplifier exagérément, quitte à en brouiller la signification. Qu'on le veuille ou non, les "concepts" nietzschéens sont ambigus. Et donc difficiles à saisir et à délimiter. Volonté délibérée de l'auteur ? Dommageable défaut d'attention ? Inhabileté technique ? Soulignons d'abord l'évidence : tous les concepts majeurs semblent flous, incertains, aux contours évanescents. Grossièrement on pourrait distinguer deux grands types de concepts utilisés abondamment par Nietzsche : d'une part des concepts manifestement symboliques, comme les très célèbres Apollon et

---

11 APZ, p.79

Dionysos. Dès *La Naissance de la tragédie*, Nietzsche semble parfois s'y embrouiller lui-même quelque peu, à tel point qu'il finira par abandonner le premier au profit du second, mais sans pour autant l'annuler tout à fait dans ce dernier. Certains autres sont ouvertement métaphoriques, ce qui tranche avec toutes les coutumes académiques, tels ce bestiaire inlassablement remis en scène, et pas seulement dans *Zarathoustra*. Le philosophe de métier éprouvera donc une peine infinie à s'y retrouver, avec ses bésicles définitionnels précis, quand on lui chante la philosophie en convoquant à profusion nains, géants, ver de terre, taupe, tarentule, vieille fille, grenouille, pour ne pas parler de l'âne, du serpent et de l'aigle. Métaphoriques aussi, faits pour suggérer tout en restant immaîtrisables, les notions de maladie et de santé qui vont jusqu'à jouer à inverser leurs significations[12].

D'autre part, les concepts qui proviennent incontestablement des habitudes techniques de la philosophie. Mais toujours délicats à cerner, et mouvants comme un mauvais sable : entre autres, la science, l'esprit libre, la mort de Dieu, la décadence, les forts et les faibles, le surhomme, les valeurs, l'instinct, la volonté de puissance, la vie. Le philosophe traditionnel croit retrouver ses repères, il se trompe, ce sont peut-être les plus difficiles. L'instinct par exemple, devenu habituel dans la philosophie zoologiste du XIXe siècle, prend chez

12 GS, préface

Nietzsche une physionomie plus évasive. Le surhomme, dont Nietzsche n'a pas inventé le vocable, s'est prêté à tous les délires. Et puis, l'énigmatique Éternel Retour, qui stupéfie encore. Où Nietzsche l'a-t-il trouvé, et surtout qu'a-t-il voulu en faire ? Nietzsche nous confond : jamais de définitions précises, toujours des contours indécis. D'abord ambiguës, ses notions fondamentales deviennent vite franchement ambivalentes, sinon plurivalentes ou même contradictoires. Encore une fois, c'est du contexte harmonique où ils se trouvent engagés que ses vocables reçoivent peu à peu leurs déterminations. Ainsi la même vache apparaît tantôt « bariolée » de façon passablement péjorative[13], tantôt valorisée pour « sa faculté de ruminer » que l'auteur exige de ses lecteurs[14]. L'idéal est brisé par la violence bien connue du marteau, et demeure en ce sens la cible préférée de la dénonciation de l'esprit libre. Mais en même temps ce dernier ne dédaignera pas de se présenter lui-même comme « Argonaute de l'idéal »[15]. Le même mot à nouveau pour désigner des attitudes à la fois si proches et si opposées. L'artiste enfin occupe la scène comme un remède pire que le mal, un faussaire et un falsificateur, un Cagliostro qui nie le monde en en détournant au profit de ses chimères. Mais aussi l'autre artiste, qui crée souverainement dans et par sa

---

13 Dans APZ, 1ère partie
14 GM, Avant-propos
15 GS, p.382

surabondance, le grand affirmateur qui exalte par sa création l'amour de la vie et la capacité de vivre.

Faut-il aller plus loin encore ? Peut-être tous ses concepts principaux sans exception sont-ils ambigus ou ambivalents. À l'envers : un concept-clé chez Nietzsche *ne peut pas* être univoque ni univalent. Ambiguïté et ambivalence deviennent les signes de leur importance supérieure. Elles répondent à une exigence absolue induite de la volonté expresse de leur auteur, au nom de positions et de choix fondamentaux face à la vie. Rien à voir avec le laisser-aller notionnel.

Si on condense le tout, le tableau a de quoi effrayer : brièveté, équivocité, symbolisme, suggestion, contradiction, ambiguïté et ambivalence. Alors, soit on s'écarte un peu horrifié et on fait tomber le couperet : Nietzsche décidément n'est pas philosophe et ne mérite pas une heure de peine. En effet ce n'est pas qu'une question de forme, car son entreprise se vouait d'elle-même à l'échec depuis l'intérieur : le relativisme perspectiviste qu'il propose se renie lui-même. Si toutes les visions expriment des perspectives idiosyncrasiques, celle qui établit cette proposition générale l'est donc encore, et ne vaut ainsi pas plus que les autres. Difficulté qui attend toutes les positions qui s'incluent elles-mêmes. C'est presque banal. Mais ce qui l'est moins, c'est que Nietzsche le savait et qu'il l'a avoué ouvertement[16]. Voilà l'homme : contradictoire et fier de l'être ! Et toujours lucide.

Soit ! Alors on le prend en pitié et on lui offre ses services pour le sauver de lui-même et en faire enfin un philosophe digne de ce nom. Il n'a pas su présenter sa pensée d'une manière canonique, on va donc le faire à sa place. Par exemple, dans le cas présent, on justifiera l'entreprise nietzschéenne en affirmant la supériorité de sa perspective personnelle dans la mesure où elle permet l'interprétation des autres interprétations[17]. Habile et même brillant. Mais d'abord cette explication ne se rencontre jamais sous la plume de Nietzsche ? Et puis cette vision englobante qui révèle sa supériorité en se comprenant elle-même en tant qu'elle comprend les autres sonne de façon étrangement hégélienne, et bien peu nietzschéenne. Enfin et surtout, elle ne manque pas de naïveté : car l'homme du troupeau, le prêtre par exemple, ne s'estimera pas en peine de renvoyer le compliment à son auteur, en interprétant à son tour la critique nietzschéenne depuis son point de vue religieux[18]. Après tout, chaque interprétation prétend toujours interpréter toutes les autres, confirmant ainsi sa propre supériorité. Nietzsche a affirmé lui-même que la volonté de puissance représentait elle-même une interprétation parmi les

---

16 PBM, §22

17 Cf. J. Granier, *Le problème de la vérité dans la philosophie de Nietzsche*, p.604

18 Cf. H. de Lubac, *Le drame de l'humanisme athée*

autres[19]. Pour comble, c'est donc lui-même qui semble revendiquer de développer une interprétation qui, théoriquement, ne doit pas se situer au dessus des autres. Sa supériorité n'est pas d'ordre théorique, ni métaphysique, ni méta-langagier, ni méta-historique. Pour Nietzsche ce serait une énorme contradiction. En fait elle est plutôt d'ordre pratique, ou vital, ou encore « plastique » comme il le dit lui-même souvent. Il y a les interprétations qui empêchent la vie parce qu'elles lui nuisent en la dénigrant, et il y a celles qui l'aident à vivre plus, non pas en lui fournissant des béquilles de fortune pour oublier ses malheurs, mais précisément en rejetant ces dernières, pour mieux l'exalter telle qu'elle est, souffrance incluse, dans une affirmation passionnée et dans toute sa puissance créatrice.

La question demeure : faut-il sauver Nietzsche de lui-même ? Ou par delà lui-même ? Sitôt le constat consigné, la tentation est forte d'apporter enfin à cette œuvre ce qui lui manque, ou ce qu'on juge lui manquer (ce qui ne revient pas du tout au même). Certains se proposent alors pour élaborer à sa place « une reconstruction complète de sa philosophie »[20]. Tel autre avant lui, reconnaissant d'abord que « Nietzsche n'a pas construit un ensemble intellectuel logique », n'hésite pas à comparer l'œuvre à un chantier où matériaux et matériels gisent un peu pêle-mêle[21]. Inutile d'insister sur

19   PBM, § 22 ou GS, § 54
20   Granier, op. cit. p29
21   K. Jaspers, *Nietzsche*, p.11

l'outrecuidance à la limité du mépris que révèle ces projets de bâtisseurs. Le risque est évident alors d'outrepasser gravement les limites d'un travail de commentateur compréhensif, sinon admiratif. S'il faut vraiment construire ou reconstruire, c'est fatalement que l'auteur s'en est montré incapable. Et ce faisant, on donne raison, sans bien s'en apercevoir, à tous les détracteurs qui n'en demandaient pas tant. Nietzsche ne fut donc qu'un piteux incapable, doublé d'un insupportable prétentieux qui a confié à sa postérité le soin d'achever ce qu'il n'a su mener à son terme. Drôle d'hommage à lui rendu par ses défenseurs !

Au contraire, et par principe, je préfère partir de l'autre évidence que Nietzsche, s'il l'avait voulu, aurait fort bien pu ordonner son œuvre selon les critères habituels. Mais il ne l'a pas voulu. Et même il a voulu tout le contraire. L'*a priori* du respect. Nietzsche possédait même des qualités rares d'élaboration et de construction, il nourrissait en lui un souci constant de la forme et du style – ses brouillons l'attestent, parfois incroyablement pointilleux –, par conséquent on peut être sûr qu'il a donné à son œuvre *la forme qu'il voulait,* et nulle autre. Si certaines de ses œuvres nous désarçonnent et nous désappointent, c'est notre responsabilité, pas la sienne. Il est temps d'arrêter de demander à Nietzsche de n'être pas nietzschéen. À nous désormais de retrouver dans ses textes ce qu'il a voulu faire, et pourquoi il ne pouvait pas le faire autrement.

Dans cette nouvelle perspective, redéfinissons le tout : la contradiction et toutes les "faiblesses" qui gravitent autour d'elle ne sont pas des lacunes mais elles participent d'un projet mûri et délibéré. Nietzsche *veut se contredire*. Par exemple *Aurore* commence presque en louant « l'aptitude à changer d'opinion, qualité rare et supérieure, surtout quand elle persiste jusque dans la vieillesse »[22]. Le même livre qui chante tout au long de son cours le renouveau matutinal s'achève dans le rappel du thème : « le serpent qui ne peut changer de peau périt. De même les esprits qu'on empêche de changer d'opinions, ils cessent d'être esprits »[23]. Subjectivement l'auto-contradiction ne saurait être tenue pour une preuve de faiblesse, elle marque au contraire la supériorité, donc la rareté, des esprits libres, c'est-à-dire libérés sans doute premièrement d'eux-mêmes. En tout cas de ce qui en eux sera devenu caduc. Faut-il rappeler que le serpent glissera bientôt fidèlement aux pieds de Zarathoustra ? Mais pour un penseur qui n'a cessé de hurler de façon très intempestive aux oreilles des troupeaux humains qui ne voulaient pas l'entendre, qu'un droit contient toujours un privilège réservé à quelques élus, qui de ce fait en reçoivent une charge accrue, il y aurait fort à s'étonner que ce droit ne se révèle pas aussitôt comme étant un devoir

---

22 *Aurore*, § 56
23 Ibid. § 573

supplémentaire. Nietzsche n'est pas passé à côté de cette implication : la contradiction est un devoir envers soi-même, qui garantit seul la douloureuse fidélité à ce qu'il y a de plus élevé en soi : « Sommes-nous donc tenus d'être fidèles à nos erreurs, même après avoir reconnu que, par cette fidélité, nous lésons notre moi supérieur ? — Non, il n'y a pas de loi, pas d'obligation de ce genre-là ; nous ne pouvons que devenir traîtres, user d'infidélité, abandonner nos idéaux les uns après les autres. Nous ne passons point d'une période à l'autre de notre vie sans infliger les douleurs de la trahison et en souffrir aussi à notre tour »[24]. Trahison, souffrance infligée à ceux dont on s'éloigne, mais aussi souffrance accablant en retour le traître. Selon toute vraisemblance, Nietzsche pense ici à Wagner et à Schopenhauer. Mais pas seulement. Car à l'engagement périmé, nul ne peut être tenu, sauf à se trahir lui-même, ce qui est pire que tout. C'est donc bien au nom d'un devoir plus haut, celui de la fidélité à soi, qu'*il faut* oser abandonner la position confortable mais dépassée. Certes cette exigence rebondit nécessairement, ou plutôt le problème de sa détermination : c'est la cohérence de soi qui exige l'incohérence et le rejet de ce qui n'est pas ou plus soi. En conséquence de quoi, il faut savoir reconnaître en Nietzsche la cohérence supérieure, toujours sous-entendue comme une basse fondamentale sous le bariolage des modulations

---

24   HTH 1, § 629

contradictoires. Nietzsche a-t-il vraiment été capable d'écrire cette basse ? À une admiratrice qui lui demande ingénument s'il partage sa propre foi en une « religion à venir fondée sur une base toute philosophique », Nietzsche répond un peu brutalement – encore une amie perdue ! – que sa requête lui a donné envie de rire, mais que, malgré cette incongruité, il est prêt à bien s'entendre avec elle. Cette belle entente, bien qu'appuyée sur un maladroit contresens n'ébranlera pas, dit-il, « (sa) foi dans (ses) opinions et dans leur cohérence souterraine ». Cet échange épistolaire se passait le 14 juin 1874, Nietzsche n'en était qu'à sa *Troisième Inactuelle*. À la fin de sa vie, il admirera encore l'unité profonde de son œuvre. En bref, si Nietzsche est cohérent, c'est à nous, lecteurs, de retrouver le fil d'Ariane qui nous guidera dans son labyrinthe.

*

Assurés d'en trouver la sortie, nous pourrons pénétrer le dédale. Image pour image en effet, l'œuvre de Nietzsche n'est pas un chantier abandonné, c'est un labyrinthe. Or un labyrinthe sans fil d'Ariane devient prison ou oubliettes. Nietzsche n'a pas besoin de lecteurs architectes, mais il lui faut des lecteurs patients et courageux, décidés à retrouver le fil, et à le suivre.

On l'a dit, Nietzsche part d'une négation, brutale et catégorique, d'un refus, d'un rejet, d'une critique concernant le langage, quotidien aussi bien que savant. L'homme qui parle, c'est-à-dire qui communique, donc l'homme commun ou grégaire a peur de la profusion insaisissable du réel. Pour s'y repérer et en maîtriser les dangers, il le simplifie avec ses concepts : son langage réalise l'alchimie douteuse de l'identification du non-identique. Ce faisant, il soumet, ou croit le faire, la réalité à la tyrannie très intéressée des lois et des structures de la logique. Il cristallise ses concepts nominaux, et s'étonne de les voir soudain entrer dans des rapports de contradiction. Nietzsche n'a cessé de revenir sur cette critique préliminaire du langage et de la logique : ce sont eux qui forcent l'homme imprudent – ou plutôt trop prudent – à confondre de simples différences de degrés avec des oppositions nettes, franches et absolues. Dès lors, la naïveté logicienne a beau jeu d'opposer sans réconciliation possible le chaud et le froid, le bien et le mal, le vrai et le faux, là où il n'y a que des gradations continues et insensibles. Absurdité simpliste que de prétendre que l'aigu contredit le grave et réciproquement ! Pourquoi s'étonner alors de rester stupéfait devant les insolubles contradictions, ou même de croire pouvoir les dépasser grâce à une dialectique encore toute entière langagière ? La faute gît dans l'utilitarisme du langage : le besoin de sécurité ontologique qui durcit les métaphores et chosifie le diffus. Le langage réduit la richesse du réel, et restreint ses possibilités inépuisables d'affirmation : malthusianisme de l'entendement, intelligence castratrice. La négation nietzschéenne recouvre donc une pleine affirmation : le réel n'est jamais définitivement ceci ou cela, il est tout entier dans la luxuriance instable de ses formes individuelles, et conséquemment se plie infiniment à toutes les perspectives qui de leur point de vue arrêtent momentanément sa coulée perpétuelle. Le perspectivisme affine le rejet du sens langagier et logique unique : il y a *des* perspectives, même et surtout quand il faut admettre que cette pluralité doit être *dite* contradictoire. Bref, si le philosophe doit se contredire désormais, c'est parce que la réalité est contradictoire. Ou plutôt elle l'est dès qu'elle est prise en charge et traduite, transmutée par le langage. La réalité est contradictoire *parce que et en ce qu'*elle est dite. En fin de compte la faute ne revient pas ni à la réalité ni au philosophe nietzschéen, mais bel et bien au langage. Et pourtant le philosophe, même nietzschéen, doit bien parler lui aussi. S'il accepte d'être nietzschéen, il doit donc exacerber les contradictions, au lieu de tout faire pour les estomper.

De cette fondamentale affirmation de principe, les commentateurs ont parfois tiré des conséquences justes, mais peut-être insuffisantes, concernant le comportement de Nietzsche. Jaspers voit dans l'auto-contradiction permanente le dépassement de toutes les réponses et l'ouverture conséquente de tous les problèmes. Cela n'est pas contestable. Grâce à ses contradictions, Nietzsche nous laisse une pensée lucide qui appelle notre responsabilité : pas de système clos et sécurisant, mais l'incertitude de l'aventure. Granier valorise à bon droit la volonté impitoyable et interminable d'expérimenter toutes les hypothèses : la philosophe doit tout tenter, le *Versucher* ne peut résister à aucune tentation ni renoncer à toute tentative. L'ennuyeux, c'est que les deux restent en route et risquent fort ainsi de n'aller nulle part et même peut-être de conduire Nietzsche où il ne voulait pas aller. Le second exige de Thésée qu'il essaie successivement toutes les voies enchevêtrées du labyrinthe, mais rien n'indique qu'il en finira jamais de parcourir les détours, les déroutes et les impasses. Et malgré les apparences, le premier ne fait pas mieux : il pose l'espoir de la sortie mais ne nous fait pas toucher le fil qui pourrait nous y mener.

Nietzsche était plus conséquent : « supporter la contradiction est un grand signe de culture, nul ne l'ignore aujourd'hui. (…) Savoir contredire (…), c'est un art supérieur »[25]. Pourquoi le philosophe doit-il se contredire ? Dès 1886, dans la préface d'*Aurore*, il écrivait : « nous devinons, nous autres Allemands (...), une trace de vérité, de possibilité de vérité derrière le célèbre principe de Hegel (…) : "la contradiction meut le monde, toutes choses se contredisent elles-mêmes" ». Hegel a découvert que la contradiction est dans la vie elle-même, Nietzsche le reconnaît constamment. Mais il reproche à Hegel de n'être pas allé assez loin. « Peut-être le pessimisme allemand a-t-il encore un dernier pas à

---

25 GS, § 297

faire ? Peut-être doit-il encore une fois confronter son *credo* et son *absurdum* ? (…) Car *(Aurore)* représente effectivement une contradiction, et il ne la redoute pas : on y dénonce la confiance en la morale – pourquoi donc ? Par moralité ! »[26]. La contradiction, réelle et non apparente ni provisoire, ne peut plus être tenue pour l'ennemie de la vérité, elle se trouve enfin reconnue pour en être la matière constituante. À rebours, ce sont tous les philosophes univoques et donc unilatéraux qui deviennent soupçonnables. Trop simples, trop intéressés, trop humains. L'œuvre nietzschéenne n'a donc plus besoin de gracieux constructeurs. D'ailleurs il n'a jamais mâché ses mots contre tous ces professionnels du bâtiment : « D'où vient-il donc que depuis Platon, tous ces architectes philosophiques de l'Europe ont construit en vain ? ». Question à laquelle on aurait maintenant envie de répondre de façon parodique : parce qu'ils ont trop voulu construire précisément, parce qu'il voulaient élever un édifice solide donc bien unifié dans sa conception, pour s'y abriter… des dangers de la vie. Contre les timorés, il faudra donc saper l'édifice, comme fait l'animal des profondeurs obscures, aux yeux aveugles mais à l'oreille fine : « Dans ce livre, on trouve au travail un être *souterrain*, de ceux qui forent, qui sapent, qui minent ». Une taupe[27].

---

26 *Aurore*, avant-propos, § 3 et 4
27 Ibid. § 1

Va-t-on enfin trouver la clé du labyrinthe ? En juin 1877, Nietzsche écrivait déjà à Paul Rée : « Par ailleurs, j'admire de plus en plus la manière dont votre description se défend du point de vue logique. Oui, je suis incapable d'en faire autant, au mieux quelques soupirs ou quelques chants »[28]. Deux remarques : premièrement, à cette date, *Zarathoustra* est encore loin, l'appellation de « chants » ne peut lui renvoyer. Deuxièmement celle de « soupirs » ne peut désigner d'éventuelles jérémiades personnelles sur ses propres malheurs, car il n'a jamais fait de telles confidences dans ses œuvres. Le soupir est donc celui du silence de la musique, comme le chant son expression. Nous y voilà : toute l'œuvre nietzschéenne, du début à la fin, est silences et chants, chacun des deux ayant un besoin absolu de l'autre pour être seulement ce qu'il est, c'est-à-dire musique. C'est la clé pour l'entendre : moi, Nietzsche, qui dénonce à tous vents la contradiction née du langage, je dois m'adresser aux hommes avec les mots par la force des choses, mais par delà les mots que j'utilise. Nietzsche n'écrit pas, il chante. Il ne construit pas, il compose… Aurons-nous enfin l'oreille assez fine ?

Rien qu'une métaphore de plus ? Ou beaucoup plus qu'une métaphore ? En relisant toute son œuvre, il n'est pas difficile d'y traquer le souci permanent d'une sorte d'écriture musicale et même quelquefois franchement musicienne, mais cela

---

28   NRS, p.31

exige une démonstration détaillée[29]. Pour le moment on peut s'en satisfaire provisoirement comme de la grâce d'une pure hypothèse.

*

Bien entendu, tout ce qui précède mène à de nouvelles exigences dans la façon de lire les œuvres de Nietzsche.

Le style de Nietzsche révèle déjà des qualités rares ? On peut ne pas partager son goût, mais on est bien obligé d'admettre qu'il y a là pour lui un souci permanent – même s'il évolue – et conséquemment une volonté et une capacité de travail presque titanesque. Quelques preuves à glaner au milieu d'une foule d'exemples : l'article 1 de *L'école du style* écrit en 1882 pour Lou Salomé : « Tout d'abord il faut qu'il y ait de la vie : le style doit vivre »[30]. Nietzsche renversera volontiers la formule : la vie doit être vécue avec style ; et l'apologiste de la vie doit à son tour écrire avec style. Et son style, comme sa vie, vivra. Dans *La Naissance de la tragédie* son style se cherche encore, il hésite entre l'ardeur un peu naïve et l'empèsement d'une vénération qui le limite quelque peu. Aucun de ses textes ne sera plus aussi guindé, ampoulé, gêné aux entournures que celui-là. Nietzsche écrit alors sous la commande, il n'ose pas encore être lui-même, et il en reste tout...

---

29   Voir à ce sujet mes autres ouvrages sur Nietzsche
30   NRS, p.183

confus. Les *Considérations inactuelles* marquent déjà un tournant, mais curieusement de façon comme inversée : notamment les 3e et 4e entonnent un chant une dernière fois retenu, presque académique, un peu froid, encore peu nietzschéen. Par contre, la 2e laissait mieux pressentir le ton libéré par la polémique, un ton incisif et déjà sonore comme une charge en règle. À partir d'*Humain trop humain*, le style atteint sa maturité, d'abord calme et posé, celui du savant sur la voie de grandes découvertes, laissant juste échapper de temps à autre, la douleur désespérée des grandes ruptures. *Aurore*, se hissant à l'espérance de nouveaux matins, libère la plume de l'écrivain, plus légère, plus fine, plus incisive que jamais. Le *Gai Savoir* éclate de désinvolture héroïque, conquise de haute lutte sur une vérité impitoyable. À mesure que la vérité se précise et que le philosophe remonte son chemin escarpé, le style se durcit. *Zarathoustra* parle parfois avec tendresse, mais plus souvent avec une netteté qui frôle la brutalité : la luxuriance de son style n'empêche pas son caractère tranchant, et quelquefois glacé. Quand on approche des plus hautes cimes, l'air se fait plus rare et la vérité plus rude : les hommes la perdent de vue et l'entendent de plus en plus confusément. Le style doit donc tonner davantage. *Par delà Bien et Mal* marquerait presque la pause d'une accalmie, mais parcourue par un souffle lyrique brûlant qui emporte irrésistiblement vers la philosophie de l'avenir. *La généalogie de la morale* ressemble à un ultime texte serein, inspiré par le dernier et froid regard vers l'arrière jusqu'à l'origine. Mais on y pressent aussi les soubresauts annonciateurs des cataclysmes de la fin, où le marteau lassé de l'indifférence générale, prêtera sa voix fracassante au philosophe inouï. Tous les dernier textes rageront de ce style bref, percutant, agressif, intraitable, d'une lucidité sans pitié, d'une précision sans parade, sans retour ni pardon. La perfection de l'argumentation qui fait mouche à tout coup. Soit dit en passant, ce dernier style atteste à lui seul que *La Volonté de puissance* comme exposé final, synthétique, complet, académiquement ordonné était devenu une pure impossibilité pour Nietzsche. Fallait-il donc n'y rien comprendre pour répandre une telle absurdité ! Quand on s'est emparé du marteau, et même si on est encore capable de s'en servir occasionnellement avec tact comme d'une plume d'oie, peut-on seulement encore rêver d'écrire synthétiquement ? Trop souvent, les commentateurs de Nietzsche, en bons philosophes qu'ils sont, ne s'intéressent pas au style, mais seulement au contenu. Mais chez Nietzsche l'un ne se sépare pas de l'autre, et manquer l'un, c'est manquer l'autre. Finalement peut-être le problème majeur de ses commentateurs est-il de n'avoir pas de goût pour le style, et même pas de style du tout…

*

Peut-on à partir de tout ce qui précède, tirer quelques conseils de lecture ?

Le plus important d'abord, et le plus inattendu, proposé par l'auteur lui-même : « De toutes les écrits, je n'aime que ceux que l'on trace avec son propre sang », prévient Zarathoustra[31]. Rejet préliminaire de toutes les philistineries de l'esprit qui prétendent écrire sans croire à ce qu'elles disent, sans résumer une souffrance et un triomphe personnel, sans engager une supérieure maîtrise de soi. Depuis toujours Nietzsche nourrit un mépris définitif pour les philosophies de professeurs, soumises à l'État, à l'argent ou à la religion. Rappelons l'épitaphe qu'il grave, au marteau déjà, à la philosophie universitaire : « Elle n'a fait de peine à personne »[32]. Condamnation sans appel de la tricherie. Depuis toujours, Nietzsche lui oppose la philosophie selon laquelle on peut vivre, si du moins on en a le courage : « se demander si l'on peut vivre selon ses principes », voilà « l'unique méthode critique ». C'est cette méthode-là, présentée par l'auteur lui-même, qu'il convient de lui appliquer à son tour. Dans cette voie, il convient de tout tenter pour ressaisir son parcours comme de l'intérieur. Mais la tâche est loin d'être simple, Zarathoustra le savait bien qui précisait vite : « Il n'est pas facile de comprendre un sang étranger ». De fait, nous ne pouvons espérer comprendre que celui auquel nous ressemblons nous-mêmes. Osons le dire : on ne peut espérer comprendre Nietzsche que si on est du

---

31 APZ, première partie, « lire et écrire », p.51
32 3ᵉ Inactuelle, § 8

même sang, c'est-à-dire si on a vécu de l'intérieur le même genre d'expériences que lui. Avertissement qui à tout le moins ne court pas les rues des universités. Ainsi donc, celui qui n'a jamais éprouvé d'émotions musicales profondes, ou celui qui n'a jamais traversé l'expérience déchirante de la rupture, de la trahison, de la volonté presque héroïque de devenir soi-même, a toutes les chances de rester devant la porte de la compréhension. Si l'on ignore le goût amer de la solitude volontaire comme fruit du rejet de la médiocrité ambiante, cette porte ne s'ouvrira pas. Les vérités écartelantes de Zarathoustra ne se communiquent pas par l'abstraction désincarnée. Au lecteur prétendu, si célèbre soit-il par ailleurs[33], il faut demander d'abord : que sais-tu de la vie pour vouloir aborder Nietzsche ? Quelles douleurs as-tu surmontées ? De quoi as-tu triomphé personnellement ? Questions largement inusitées. On comprend mieux pourquoi certains professionnels ont au moins l'honnêteté de tourner les talons. À leur point de vue au moins, ils ont raison : Nietzsche n'est pas un philosophe.

Nietzsche l'avait martelé, notamment par la bouche de son Zarathoustra : « Je hais tous les oisifs qui lisent ». Et un peu plus loin : « Celui qui trace des maximes avec son sang ne veut pas être lu, mais veut être appris par cœur ». On ne lit pas Nietzsche pour dire qu'on l'a lu. Mais parce qu'on y cherche quelque chose que peut-être on a déjà trouvé. Contre

---

33 Gide, par exemple, et quelques autres...

toutes les lectures hâtives, superficielles, diagonales, Nietzsche réclame profondeur, lenteur, intériorisation, en un mot rumination. Pas question de confondre pour autant rumination et indigestion : on ne peut écarter ce que Nietzsche pensait des Allemands qui surchargent leurs entrailles de viandes trop nourrissantes, et enivrent leurs esprits d'alcools aliénants. L'hygiène philosophico-alimentaire demande d'apprendre à assimiler pour faire sien, donc de digérer lentement des quantités adaptées. Que s'abstiennent les intellectuels boulimiques, juste bons à tout dévorer sans rien retenir. Contre eux, Nietzsche offre à son lecteur choisi des « petites vérités » à emporter avec soi « sous son manteau »[34]. Pour ce lent et long travail d'assimilation, il convient que la vérité soit légère, facile à emporter dans sa mémoire, donc brève, concise, bien rythmée, bien frappée : « l'aphorisme, la sentence (...) sont les formes de l'éternité »[35]. L'aphorisme, seule forme apte à provoquer la rumination intime du lecteur : il faut laisser la petite pensée revenir sans cesse, peu à peu elle s'éclairera. La faire sienne, la laisser vivre en soi, la vivre. Car la vie est première, et la clairvoyance philosophique n'en est qu'un effet en retour.

Ce conseil de lecture révèle un sévère avertissement de valeur. Ne comprend pas qui veut, mais d'abord qui peut. C'est-à-dire qui en est

---

34 APZ, 1èrepartie, Des femmes jeunes et vieilles
35 CI, § 51, p.125

digne[36]. La pensée exige quelque chose comme la consanguinité : « comprendre, c'est égaler »[37]. Seul l'égal accède à la dignité de comprendre, par dessus l'abîme des générations de médiocres. Un livre, comme l'amitié, comme l'amour, n'est jamais pour le premier venu : « Quand on écrit, c'est non seulement pour être compris, mais encore pour ne pas l'être. Un livre n'est pas diminué parce qu'un quelconque individu le trouve obscur : cette obscurité entrait peut-être dans les intentions de l'auteur ; il ne voulait pas être compris de n'importe qui. Tout esprit un peu distingué, tout goût un peu relevé choisit ses auditeurs ; les choisissant, il ferme la porte aux autres. Les règles délicates d'un style s'enracinent là : elles sont faites pour éloigner, tenir à distance, condamner "l'accès" d'un ouvrage ; pour empêcher certains de comprendre et pour ouvrir l'oreille aux autres, les tympans qui nous sont parents »[38]. Non sans plaisir, on remarquera que ce texte trouve sa chute sur l'oreille et les tympans. Peut-être la vue garde-t-elle quelque chose de commun, de vulgaire ; les qualités de l'oreille, plus rares, définissent une exigence plus fine. L'oreille distingue mieux des parentés plus intérieures. Décidément les exigences de Nietzsche en matière de lecture sont rien moins qu'habituelles.

Troisième conseil, tiré d'un autre fragment posthume : « Grands hommes et fleuves font des

36 EH, p.62
37 FPXIII, p.17
38 GS, § 381, p.359

détours sinueux, mais qui les mènent à leur but »[39].
L'une des plus belles réponses à tous les affolés de la
contradiction. Ce qui compte par dessus tout, c'est la
perspective du but, unique et unificateur, qui par sa
grandeur justifie à lui tout seul les méandres et peut-
être même les impasses. Pour le lecteur l'exigence
correspondante de surmonter l'étroitesse d'un point
de vue isolé. Si la rétine reste collée au détail,
l'oreille n'entendra rien de l'ensemble. Tâche
prioritaire, mais périlleuse : avant toute lecture,
retrouver l'idée rectrice, le fil d'Ariane, qui ouvre à
la compréhension profonde, un peu comme cette
intuition unique autour de laquelle toute grande
pensée s'irradie selon Bergson. Nietzsche lui-même,
au soir de sa vie consciente, a embrassé d'un coup
d'œil rétroactif l'ensemble de son œuvre pour se
laisser toucher surtout par son unité profonde. Il le
confie à Peter Gast dans une lettre de décembre
1888 : « À présent, j'ai l'absolue conviction que tout
est réussi depuis le commencement, tout forme une
unité, tout tend vers l'unité »[40]. Personne ne juge
mieux une œuvre que son auteur. Avertissement au
lecteur : ne jamais rien isoler, quelle qu'en soit
quelquefois la tentation, mais toujours rapporter le
détail au projet central. Déchiffrer le détail et en
même temps, entre les lignes, dans le filigrane, se
rappeler le but inlassablement poursuivi. Faute de
quoi la mosaïque restera impénétrable. L'œil avoue

---

39   FP XIV, p.298
40   PG, p.568

enfin son insuffisance, lui qui ne peut fixer qu'un point à la fois, la focalisation visuelle ne pouvant être que ponctuelle, donc simple, sinon pauvre. Depuis l'antiquité, l'œil portait la couronne des organes de la connaissance. L'âme des philosophes voyait avec les yeux de leur intelligence, par inspection de l'esprit et autre intuition intellectuelle. Mais leur âme n'avait pas d'oreille. Et c'était sa plus grande faiblesse. Seule l'oreille a le privilège d'être réceptive à plusieurs sources d'informations simultanément. Finalement, il ne faut pas lire Nietzsche, il faut l'écouter.

*

L'audition de l'unité dans la pluralité, un peu à la façon d'un contre-point. Tout au long de son œuvre, Nietzsche aura usé de formulations musiciennes. Ce sont elles qui résument le mieux les conseils qu'il donna lui-même à ses éventuels lecteurs. L'indication qui revient le plus souvent sous sa plume est celle-là même que le musicien inscrit en haut de sa partition : « *lento* ! ». Toute lecture personnelle, donc assimilatrice, doit absolument se faire lentement. La tournure aphoristique l'exige, comme condition même de la rumination nécessaire. En juillet 1887, dans l'Avant-propos de *La Généalogie de la morale*, Nietzsche se plaint d'avoir été jusqu'alors si mal entendu : « la forme aphoristique de mes écrits offre une certaine difficulté (…). Un aphorisme, dont la fonte et la frappe sont ce qu'ils doivent être, n'est pas encore "déchiffré" parce qu'on l'a lu (…). Il est vrai que pour élever ainsi la lecture à la hauteur d'un art, il faut posséder avant tout une faculté (…) qui exigerait presque que l'on ait la nature d'une vache (…) : j'entends la faculté de ruminer »[41]. Je ne peux m'empêcher de souligner an passant l'allusion à la fonte et à la frappe qui apparente le travail de l'écrivain à celui de l'orfèvre. Nietzsche a-t-il pensé au ciseleur florentin, Benvenuto Cellini ? Impossible à trancher, même s'il est certain qu'il le nomme expressément ailleurs. En tout cas, Nietzsche a une pleine conscience de son inactualité et de l'incompréhensibilité qui l'accompagne, surtout auprès des hommes modernes, déjà pressés d'agir, de faire des affaires, de penser et… de lire. Nietzsche ne mentionnait pas son conseil en ces termes pour la première fois : « Nous sommes tous deux des amis du *lento*, moi et mon livre. On n'a pas été philologue en vain, on l'est peut-être encore, ce qui veut dire professeur de lente lecture (…). La philologie, effectivement, est cet art vénérable qui exige avant tout de son admirateur une chose : se tenir à l'écart, prendre son temps, devenir silencieux, devenir lent – comme un art, une connaissance d'orfèvre appliquée au mot (…). Bien lire, c'est-à-dire lentement, profondément »[42]. Tous les mêmes thèmes réunis. Et repris encore une fois dans *Ecce*

---

41 GM, p.20, 21
42 *Aurore*, Avant propos, p.20, 21

Homo : « une délicate lenteur est le *tempo* de ces discours »[43].

Mais la question rebondit encore : pourquoi ce privilège accordé à la lenteur ? Pour entendre, c'est-à-dire comprendre, faire sienne la parole de l'autre, la prendre et l'embrasser, se l'incorporer, la faire devenir sa propre chair. La saine digestion sait prendre son temps. Comprendre, c'est aussi expliciter le sens, parcourir les mille facettes d'une allusion, et les doubles ou triples sens d'une prise de position : il y faut du temps. Entendre, être sensible à l'enrichissante opposition de l'aigu et du grave, et à la continuité linéaire de la mélodie qui se déroule dans la temporalité marquée par le retour obstiné de la cadence rythmique ? Rythme, mélodie, harmonie, musique. Lire Nietzsche, c'est l'écouter. Sa philosophie est composée comme une musique, mieux : elle est musique, indivisiblement dans sa forme et dans son contenu. Dès lors les contradictions s'estompent, et on entrevoit la possibilité de surmonter les mots.

Le présent propos ne se réduit pas à soutenir que Nietzsche écrit ses textes en suivant, consciemment ou non, les guides des formes musicales. D'autres, bien plus compétents que moi, l'ont déjà démontré[44]. Sous cet angle, nombre de pages parlent d'elles-mêmes, même en dehors d'*Ainsi parlait Zarathoustra*. On n'aurait aucune peine à recenser la

43 EH, p.10, 11
44 Notamment C.P. Janz, *Der musikalische Nachlass*, Bärenreiter 1976

surabondance des termes empruntés à la technique musicale, confiés par l'auteur à son lecteur comme des guides incitant à le chanter plutôt qu'à le lire : indication des rythmes, allusions aux timbres, exigences des nuances, articulations par modulations, retours plus ou moins réguliers de *Leitmotive* ou d'idées fixes. Parfois même on croit deviner le forme-sonate dans la structure d'un paragraphe ou d'une page. Mais il y a plus encore : puisque forme et fond sont toujours inséparables, le contenu même de la pensée nietzschéenne doit à la fin se révéler musical. Dans une lettre de juillet 1868, Nietzsche s'annonçait déjà : « Le livre d'un musicien n'est pas le livre d'un visuel ; au fond, c'est de la musique qui se trouve faite de mots, non de notes ». Et plus loin : « Cependant je trouverai peut-être quelque jour un thème philologique qui puisse se traiter musicalement »[45]. Ce n'est pas seulement de forme ou de traitement musical que parle Nietzsche, mais bien d'un thème, ou d'un problème de fond. Si son écriture se veut musicale, c'est parce que sa pensée est musique. Toute lecture doit en conquérir les qualités correspondantes.

La philosophie nietzschéenne nous désarçonne souvent parce qu'elle est d'essence musicale, ou même musicienne. Dans son article *Musique* du 10 septembre 1837, Berlioz définissait la musique comme « l'art d'émouvoir par des combinaisons de

---

45 *Correspondance*, tome 1, p.583

sons »[46]. Ses principaux modes d'action, Berlioz les présentait dans l'ordre suivant : la mélodie, « effet musical produit par différents sons entendus *successivement* et formulés en phrases plus ou moins symétriques » ; l'harmonie, « effet musical produit par différents sons entendus *simultanément* » ; et le rythme, division symétrique du temps par les sons ». Combinaisons, successions, symétries ou dissymétries, simultanéité polyphonique ou harmonique, rythmicité, temporalité. Forme et fond tout uniment de l'Éternel Retour du même et de l'autre, donc du devenir qui déroule indéfiniment, pour les faire et les défaire, les infinies combinaisons des êtres. Être sans commencement ni fin, où les « contraires » se plaisent à polémiquer pour se combiner, à s'exclure pour se fondre, à se fuir pour s'unir et se désunir à nouveau. Voilà qui rappelle le jeu de l'enfant divin et innocent d'Héraclite, qui joue en effet avec le monde comme au tric-trac, ou encore aux interminables métamorphoses de Dionysos qui meurt et renaît éternellement, change sans cesse de forme et allie toutes les existences les plus chatoyantes dans son exubérante profusion. Même si elle n'est assurément pas le monde, la musique seule donne une idée de son inépuisable devenir. À côté d'elle, le langage l'appauvrit avec ses concepts étriqués qui créent des contradictions avec ses simplifications durcies. Rien ne demeure, rien n'est identique. Tout devient, la seule vérité est le devenir,

---

46 *À travers chants*, p.21

multiforme, divers, polyphonique. La musique devenue le modèle de la connaissance la plus fine.

Il nous faut donc bien apprendre à lire musicalement les textes de Nietzsche. Cela est tellement inhabituel que la tâche en apparaît presque impossible. Lire à la fois mélodiquement et harmoniquement ; oser rechercher d'abord la polyphonie des textes, au lieu de prétendre d'emblée résoudre leurs contradictions. Aimer leurs dissonances. Devant chaque page, il conviendrait de poser la question lancinante : à quel(s) texte(s) répond-elle ? Quelle autre page aborde le même thème différemment ? Puis, exagérer leurs différences et essayer d'entendre enfin ce qui en résulte : différence par complémentarité, comme dans la consonance harmonique, ou différence par écartèlement ou par frottement, comme dans la douloureuse dissonance. Replacer aussi cette dissonance dans la continuité mélodique : se demander toujours à quel moment, à quelle date, dans quel contexte personnel et théorique Nietzsche a écrit tel ou tel passage, et l'autre qui s'en démarque. Car mélodie et harmonie ne prennent tout leurs sens qu'entrelacées l'une à l'autre, engagées l'une dans l'autre. Sans mélodie, l'harmonie se fige en architectures spatialisées qui se voient éternellement identiques à elles-mêmes avec les yeux, comme le monde depuis Pythagore. Et sans harmonie la mélodie est pauvre, exsangue, filiforme comme un discours linéaire sans consistance.

Avec cette nouvelle vision – ou plutôt nouvelle audition – on se réserve parfois l'agréable surprise de voir s'évanouir une difficulté qu'on jugeait jusque là insurmontable. Exemple qui m'est cher, pendant des années j'ai buté sur l'incroyable démenti infligé par le *Cas-Wagner* au sens psychologique du musicien : « Wagner n'est pas un dramaturge (…), il n'était pas assez psychologue pour le drame : il fuyait instinctivement la motivation psychologique »[47]. On peut partager beaucoup de critiques énoncées contre Wagner dans cet ouvrage rageur, mais quand on connaît un peu l'œuvre du musicien, on a du mal à accepter cette dernière comme argent comptant. Nietzsche à l'évidence exagère et se laisse ici emporter par sa colère dévastatrice : Wagner, pas le sens psychologique ! Lui qui précisément base l'essentiel de ses drames musicaux sur l'évolution psychologique de ses personnages, comme aucun musicien de théâtre ne l'avait jamais fait avant lui. Et cela, du *Fliegende Holländer* à *Parsifal*. Non, décidément on peut tout lui reprocher, mais pas ça ! Nietzsche ne peut qu'avoir tort. Et pourtant, cette charge datée de 1888 (l'un des tout derniers textes de Nietzsche) m'est devenue compréhensible quand j'ai pu la confronter à un autre texte, capital, inédit, mais parfaitement explicite sur ce point central : *Musique et tragédie*, daté de 1871, donc un an avant *La Naissance de la tragédie*. L'un des tout premiers

---

47 CW, p.77, 78

textes de Nietzsche. Harmoniquement opposé, d'une écriture mesurée, comme scientifique, aux antipodes du style acerbe du *Cas-Wagner*, un texte laissé à l'état d'ébauche, mais beaucoup plus explicité et analysé que lui. Un brouillon en somme, dans lequel le *Cas-Wagner* puisera, et où Wagner n'est jamais nommé, mais où il se reconnaît partout. Or dans ces contextes complètement différents, Nietzsche soutient la même idée, ici lumineuse. Wagner, dénonçait-il déjà, ne comprend pas la tragédie et passe totalement à côté de la psychologie si caractéristique du héros tragique grec. Sans même entrer davantage dans les détails largement analysés ailleurs[48], on s'aperçoit que les aphorismes impitoyables du *Cas-Wagner* deviennent enfin limpides, et parfaitement justifiés. Un des derniers textes rendu compréhensible par un des premiers. En 1871, en pleine période de Tribschen, Nietzsche ne pouvait pas nommer Wagner dans un texte et encore moins le publier.

Deuxième exemple, plus habituel dans les mouvances philosophiques : l'éternel retour. Idée encore réputée la plus incongrue de toutes dans la production de Nietzsche. La relecture de tous les textes consacrés à elle, dans leur continuité mélodique, doit permettre de discerner plus clairement les différences de teintes et d'éclairages qui permettent de les faire entrer en résonance, dissonance et consonance. Car ce thème, prêché

---

48   Voir mes ouvrages sur Nietzsche et Wagner

durement par Zarathoustra, comme chacun sait, révèle une continuité assez prodigieuse tout au long de l'œuvre nietzschéenne, comme tout le monde ne semble pas le savoir. En fait *Zarathoustra* occupe en cela une position centrale, et non originelle. Nietzsche y multipliera les allusions jusque dans *Le Crépuscule des idoles* et *Ecce Homo*, mais conjointement dans les pages inédites de la dernière période. Bien des commentateurs commettent alors l'imprudence d'oublier que leurs propres analyses[49] reposent sur des fragments d'allure scientifique que Nietzsche finalement n'a pas voulu publier. De l'autre côté, il faut remonter aussi vers l'amont mélodique des premières ébauches du thème dans *La Naissance de la tragédie*, puis à sa première exposition par inversion dans la *Deuxième Inactuelle* et sa reprise complète dans le *Gai Savoir*, juste avant son éclatement triomphal dans le mode majeur dans *Ainsi parlait Zarathoustra*. Après quoi, en écho qui se perd peu à peu, le musicien reprendra régulièrement des bribes, parfois violentes, de ce thème central. Ce faisant on comprend mieux que les registres dans lesquels Nietzsche l'expose sont toujours autres que ceux que les professionnels de la philosophie attendent : surtout ceux de l'histoire de la philosophie et de celle de la physique théorique, que Nietzsche délaisse avec un dédain surprenant. Manifestement, il leur préfère les perspectives plus improbables de l'axiologie, de la métaphysique et de

---

49   Par exemple Granier, op. cit. p.563...

l'esthétique. C'est cet enrichissement harmonique de la mélodie directrice qui permet le mieux de comprendre enfin ce que Nietzsche a voulu dire.

En somme, les spécialistes se trompent trop souvent en voulant à tout pris faire entrer Nietzsche dans une spécialité qui n'est pas la sienne. Pour le lire, il faut accepter de remplacer les problèmes de logique par ceux de technique musicale. Dès lors, on comprendra enfin qu'à la contradiction nietzschéenne, il n'y a pas de solution. Ni logique, ce qui serait absurde, ni métaphysique par distinction de l'Être et des apparences, ni dialectique par synthèse qui dépasse, intègre et abolit toutes choses. À chaque fois, Nietzsche s'y contredirait lui-même. S'il n'y a pas de solution, c'est à la fin parce qu'il n'y a pas de problème de contradiction. Mais il y a un jeu ininterrompu de consonances qui évolue en dissonances, et de dissonances qui attendent toujours leurs résolutions… provisoires. Etc., etc., sans commencement ni fin. L'art du musicien, par excellence.

*

Dernière difficulté, sans doute la plus évidente, mais dont paradoxalement les commentateurs ont souvent oublié de se méfier. Question de principe qui cette fois engage le commentateur de Nietzsche, et non plus Nietzsche lui-même : celle du statut à accorder à ses inédits. À côté de ses textes publiés, Nietzsche a laissé à la postérité un nombre considérable d'inédits, textes ébauchés et inachevés, ouvrages auxquels il avait renoncés, brouillons destinés à être surpassés par les versions finales, notes jetées à la hâte ou longuement méditées, et correspondances personnelles. Quel que soit par ailleurs l'intérêt souvent indéniable de ces marges, la question de principe doit être posée sans détour à leur sujet : doit-on, peut-on les utiliser pour commenter la pensée finalement publiée de l'auteur ? Si oui, dans quelles limites ? Selon une tendance un peu trop courante, les commentateurs en ont vite fait leurs proies favorites, tellement il est tentant de dénicher les pages inconnues des autres. Travers typique des universitaires, pas toujours à leur honneur. Certains, parmi les plus illustres, poussent même quelquefois la coquetterie jusqu'à prétendre découvrir les meilleurs exposés de la philosophie de l'auteur dans des textes que ce dernier avait lui-même abandonnés… On ne peut oublier la séduction fatale exercée en un temps tragique par *La Volonté de puissance*[50]. Pourtant on a établi aujourd'hui sans conteste possible que Nietzsche avait bel et bien renoncé à ce projet. On se souvient que Bergson avait pour son propre compte interdit toute chasse aux inédits. Les inédits d'un auteur sont toujours terriblement tentants, et tout aussi dangereux. Gare au renversement des choses ! Comme si un auteur devait se retrouver plus

---

50 Texte monté effrontément par la sœur de Nietzsche, et exploité sans scrupule par l'idéologie nazie.

fidèlement dans les textes qu'il a renoncé à publier, et que son œuvre publique avait été manquée par lui. Manifesterait le même genre de mépris condescendant celui qui prétendrait trouver le vrai Beethoven dans ses esquisses plutôt que dans ses œuvres achevées. Cette incongruité qui ne menace guère Beethoven ni quelque autre artiste, semble souvent aller de soi quand il s'agit de Nietzsche. Comme si ce dernier n'avait pas eu assez de lucidité pour choisir entre ce qu'il devait publier et ce qu'il ne devait pas. À la différence de son commentateur, mieux avisé naturellement, qui affirme discrètement sa supériorité en prétendant savoir pallier cette regrettable lacune. Position banale chez les universitaires, mais pas très respectueuse pour autant.

On préférera user des inédits avec circonspection : certes pas les rejeter tous, dans la mesure où ils éclairent souvent de façon intéressante la production officielle de l'auteur. Mais en réservant systématiquement la préférence aux textes choisis par lui pour la publication. Il savait ce qu'il faisait, mieux que quiconque, car il était le mieux placé pour juger de ce qu'il voulait partager publiquement. Et de ce qu'il préférait laisser dans l'ombre. L'outrecuidance du lecteur commentateur doit toujours céder la place au respect du point de vue de l'auteur. Principe élémentaire qui s'applique à Nietzsche, condition première de sa compréhension.

Pourquoi Berlioz et Nietzsche

Il est toujours un peu incongru de vouloir rapprocher les noms de deux personnes que le destin a tenues à distance : géographiquement, historiquement et culturellement. Mais après tout, l'incongru n'aurait pas rebuté Berlioz plus que Nietzsche, et même au contraire cette raison supplémentaire ne leur aurait pas déplu. Indice qui peut nous inciter à ne pas renoncer trop vite, même si la prudence reste de mise. En effet rien n'est plus périlleux que de prétendre deviner les motivations profondes, les ressorts secrets qui poussent quelqu'un à l'admiration, à l'amour ou à l'amitié. À plus forte raison, il y a un risque démesuré à suggérer une parenté entre deux génies, qui n'ont pu la manifester par eux-mêmes, dans la mesure précise où chacun des deux a parfaitement ignoré l'autre. D'un autre côté il n'en demeure pas moins que le choix de l'ami révèle un homme – on a toujours les amis qu'on mérite –, et que, si cet homme est artiste de surcroît, son œuvre le révèle à son tour. On peut dès lors prudemment remonter de l'œuvre à l'homme, et de ce dernier à l'élection des affinités. Travail éminemment difficile, mais pas tout à fait impossible.

Pourtant l'incongruité d'une telle velléité reste plus que visible. Car à la question de ce qui peut bien rapprocher Berlioz et Nietzsche à la surface mouvante de leurs vies et de leurs tempéraments, de ce qu'ils ont vécu et de la façon dont ils ont vécu, la réponse a toutes les chances d'être d'une effroyable platitude. Extérieurement et globalement, tout les sépare : Berlioz vit, agit dans un monde tumultueux, entouré d'amis, d'ennemis, de mondanités, de relations, de femmes, il court infatigablement les concerts et l'opéra, il remue ciel et terre pour faire jouer ses œuvres, il dirige l'orchestre et compose ses feuilletons, se précipite à l'étranger quand la France lui manque trop, Italie, Allemagne, Autriche, Angleterre, Hongrie, Russie, et manque de peu l'Amérique. Bref, Berlioz est continuellement emporté par le tourbillon, que souvent il provoque lui-même, de l'action dans le monde, tant celui des mondanités que celui du clergé séculier. De son côté, Nietzsche fait penser plutôt au clergé régulier : le parcours récapitulatif de sa vie laisse même une impression troublante et antipodique. On dirait une existence pas vraiment vécue, ou alors d'une chicheté un peu effrayante. Élevé au gynécée, Nietzsche prend vite le goût du repli et de la solitude ; la profession qu'il exerce lui garantit une existence austère, calme et plutôt routinière, avant qu'il ne se trouve contraint à l'abandonner. Tout le reste de sa vie, sauf quelques rares exceptions, verra Nietzsche seul et loin. De sa famille, de ses amis, de sa patrie. En Haute-Engadine, en Italie du nord, en France du sud, partout, été comme hiver, Nietzsche est seul, d'une solitude plus ou moins voulue, et donc toujours un peu subie. Nietzsche est un méditatif, apatride et inactuel, sa seule action se joue dans ses livres.

Sur ce fond de criante différence, on aurait beau repérer quelques troublantes convergences, on n'en resterait pas moins à la seule surface des choses et à la limité de la niaiserie. Certes, l'un et l'autre acquièrent dès leur plus jeune âge une solide culture classique, surtout grecque pour Nietzsche et latine pour Berlioz. Leurs personnalités en seront marquées à jamais. L'un et l'autre garderont toute leur vie un goût prononcé pour les grandes marches à pied, ce qui est moins anecdotique qu'on ne pourrait penser surtout quand on se souvient de la place de choix que Nietzsche réservera dans son œuvre à la danse comme triomphe de son propre poids, ainsi qu'au voyage qui cherche, s'aventure et tente, et au marcheur qui s'obstine et n'atteint son but qu'à ce prix. Toutes appréciations spontanément partagées par Berlioz, rythmicien par excellence, novateur impétueux, et infatigable volontaire. Sans doute encore, les relations de Berlioz et de Nietzsche avec leurs parents respectifs présentent quelques analogies sommaires : l'un et l'autre conserveront toute leur vie une place privilégiée à la figure de leur père, l'un et l'autre rejetteront de façon spectaculaire l'influence de leur mère, mais les analogies restent évasives : Nietzsche a perdu son père quand il était enfant, non pas Berlioz qui, de son côté, rompt avec sa mère quand il était étudiant, non pas Nietzsche. Autres circonstances, autres motivations, et finalement expériences de vie différentes. Le plus énigmatique, sous cet angle très intime, c'est encore les leçons cruelles que l'amour réserve aux deux hommes. Nietzsche, pourfendeur impitoyable de toutes les conventions sociales, morales, religieuses, philosophiques se montre d'une invraisemblable timidité dans les choses de l'amour, en même temps qu'il s'avoue désespérément conventionnel : il l'est même tellement qu'il rate systématiquement celle qu'il aime, au profit exaspérant de l'ami qui lui avait servi d'intermédiaire. Berlioz, derrière des histoires d'amour souvent picaresques, surtout quand il les raconte lui-même après coup, cache mal en réalité un cœur blessé qui poursuit des chimères et n'est jamais rattrapé que par des démons. La femme que Nietzsche aima sans doute avec le plus de profondeur, possédait certainement de grandes qualités, mais elle n'aima pas Nietzsche en retour. Lou Salomé d'ailleurs aima-t-elle jamais personne ? Celle que Berlioz aima peut-être le plus et qui le lui rendit, la mystérieuse Amélie, et non celles de moindres qualités qui l'aimèrent, lui vint trop tard, pour un amour impossible et fatal. De toute façon, la désillusion cruelle souvent inhérente à l'amour n'est l'apanage ni du musicien ni du penseur, bien d'autres s'y brûlent les doigts ou la cervelle. En conséquence de quoi il est vain d'espérer en faire l'occasion de jeter un pont sur l'abîme qui sépare nos deux personnages.

Si on s'en tient encore à la comparaison biographique, la moins artificielle des tentatives de rapprochement ne peut plus consister que dans l'apparentement des caractères profonds. C'est-à-dire des dispositions natives du tempérament qui prédisposent à toute l'ordonnance d'une vie. Berlioz et Nietzsche révèlent en effet des personnalités du même type, d'abord par une sensibilité à fleur de peau, qui avale, digère et rumine, et décuple ses effets de par un long et laborieux passage à travers les souterrains de la conscience. C'est cette émotivité profonde et lente qui constitue le terrain favorable à l'épanouissement prodigieux de l'imagination créatrice. C'est cette même faculté de maturation éveillée par la subtilité de la réceptivité qui permet enfin la floraison du type d'humanité le plus élevé et le plus respectable : celui du chemin vers soi, de la volonté d'être soi, ou, pour reprendre le maître-mot pindarique tant prisé par Nietzsche, de devenir ce que l'on est. Le poète de soi, l'artiste novateur que fut Berlioz, le penseur sévère, d'abord envers lui-même et seulement en conséquence envers les autres, que fut Nietzsche, s'affirment supérieurement à travers leur caractère éminemment volontaire, qui poursuit fièrement sans faillir sa propre route, en dépit des embûches, des jalousies et même des amitiés, à travers tous les échecs jusqu'à la limite de ses forces où le destin attend l'un et l'autre pour les précipiter dans l'effondrement final. Peu importe ici que Nietzsche s'écroule dans la démence, épuisé par ses luttes et ses victoires rien que personnelles, que Berlioz soit abattu par l'accumulation de tous les malheurs humainement possibles jusqu'à n'être plus que l'ombre de lui-même. Dans tous les cas, il faut en effet un concours de circonstances aussi atroce qu'exceptionnel, pour écraser des personnalités aussi puissantes. Les hommes véritablement surhumains semblent ne pas tomber aussi facilement que les animaux du troupeau.

Suivre sa propre voie n'implique en rien qu'on méprise naïvement le besoin et le secours d'autrui. Quelles que soient parfois les apparences trompeuses ce n'est pas par repli schizoïde que Berlioz et Nietzsche se voient obligés de boire la lie amère de la coupe de la solitude. Car ils ont cherché autrui, en se voulant eux-mêmes, ils ont sincèrement cherché à être compris, aimés, reconnus, et ce n'est certes pas dans la liesse qu'ils ont dû finir par admettre la cruauté de leur isolement. L'autre, l'ami, le vrai, est appelé et attendu, mais leurs destins sont tellement personnels et courageux que personne n'a répondu, du moins de leur vivant. Nietzsche, commençant à peine à être lui-même, écrivait : « ce dont j'ai toujours eu le besoin le plus urgent (…), c'était la croyance que je n'étais pas seul à être, ni seul à voir de la sorte »[51]. À travers les grandes déceptions qu'il subira, Nietzsche ne connaîtra jamais ce « repos dans la confiance de l'amitié » et sans illusion, il se l'avouera à la fin de sa carrière : « Ô mes amis inconnus (– car je ne me connais encore aucun ami) »[52]. À quoi Berlioz, par une sorte

---

51 HTH 1, p.16
52 GM, p.244

d'écho anticipateur, répondait en concluant une première fois ses *Mémoires* : « Je suis seul. Mon mépris pour l'imbécillité et l'improbité des hommes, ma haine pour leur atroce férocité est à son comble »[53]. Et un peu plus tard, avec toute la cruauté de son désespoir : « Dire qu'il y a des gens qui m'aiment et que je ne connaîtrai jamais ». Seuls furent-ils l'un et l'autre, malgré les apparences, leurs relations, leurs triomphes sans lendemain, mais toujours désespérément à la recherche de l'ami. Bien sûr, deux manques d'amis ne suffisent pas à inférer que chacun des deux aurait pu combler l'autre sous cet angle : assurément ce n'est pas parce que je veux un ami et tel autre aussi, que nous pourrions être assurés, lui et moi, de pouvoir être amis entre nous. Deux manques additionnés ne garantissent pas de faire une plénitude. Mais ce peut être aussi un indice qu'ils étaient à la mesure l'un de l'autre et qu'ils auraient pu se répondre si le destin en avait décidé autrement. Dignes l'un de l'autre, c'est déjà l'essentiel. Pour davantage, Nietzsche lui-même avait laissé la porte ouverte : « Un pont invisible relie un génie à un autre génie »[54].

À l'évidence enfin, l'invisible se laisse entrevoir quand on sait que des personnalités apparentées se ménagent le même genre de rayonnement posthume. Nietzsche l'a assez dit, pensant d'abord à lui-même : « Certains naissent posthumes ». Par delà leur

---

53 *Mémoires* tome 2, p.351
54 NP, p.149

actualité, ils n'avaient aucune chance d'en être compris et reconnus de leur vivant. Commune destinée : la renommée ne viendra à Nietzsche que très tard, trop tard, lorsque Georg Brandès ouvre à l'université de Copenhague un cours sur sa philosophie. Avant cette date, Nietzsche n'était lu que par le tout petit cercle de ses connaissances, en tout cinq ou six personnalités éminentes dans le monde. Quant au soudain succès inespéré de la fin, il ressemble affreusement à une dernière ironie du destin. Quelques semaines plus tard, Nietzsche sombre dans la démence. Berlioz de son côté connaît quelques succès fracassants, mais toujours sans lendemain à Paris, et d'autres plus durables mais loin de chez lui, et qui ne peuvent le consoler de la sottise des siens. Toutefois, c'est après leur mort que l'inconsistance de la reconnaissance acquise devient réellement tragique, pour l'un comme pour l'autre. Berlioz, pressentant aussi son caractère posthume, avait écrit de son côté : « Il faudrait cent quarante ans pour venir à bout de ces gredins de crétins », en quoi il n'avait encore que partiellement raison car il lui en faudrait bien davantage[55]. Après leur mort, le destin s'en est donné à cœur joie : ni l'un ni l'autre ne sont restés proprement inconnus, mais tous les deux ont été sévèrement méconnus. Connus, mais mal. Pris pour ce qu'ils n'ont pas été, assimilés à ce

---

55 Même pressentiment chez Nietzsche dans une lettre de mai 1884 à Mathilde von Meysenbug : « Qui sait combien il faudra de générations pour produire quelques hommes qui comprennent dans toute sa profondeur ce que j'ai fait ? »

qu'ils avaient rejeté de tout leur être. Jugés, condamnés et châtiés pour des crimes (culturels) que précisément ils avaient mis tout leur honneur à refuser de commettre. Encore aujourd'hui et en dépit d'une évolution récente mais encore bien incomplète (du moins en France), Berlioz a gardé sur le dos la réputation du romantisme fait homme, prince échevelé des fracas « emberlificozés » et technicien vain et stérile des combinaisons de timbres et d'instruments divers. Berlioz avait une autre vision de lui-même, qui reposait sur un goût et une science musicale d'une parfaite sûreté : « Romantique ? Je ne sais pas ce que ça veut dire[56]. Je suis un classique ». Et Nietzsche, trahi par sa sœur, devint un apôtre de la force brutale et de la domination musculaire et militaire, et un chantre de cet antisémitisme qu'il avait vomi de tous ses pores. Seul, ou presque, en son temps, à dénoncer le danger pour l'Allemagne et l'Europe, enrôlé de force dans ce qu'il avait honni. Sa conception des forts contre les faibles se référait à l'intelligence, à la culture et à l'art, et non aux biceps.

Berlioz et Nietzsche pourraient se donner la main tant ils auront subi l'un et l'autre une renommée dévoyée.

*

----

56 D'ailleurs, nous non plus, la plupart du temps

Il y a donc encore à faire pour l'un comme pour l'autre, en rectifiant les mensonges qui les salissent et en les débarrassant des préjugés qui les défigurent. D'abord et avant tout, réapprendre à lire l'un et à écouter l'autre, ou plutôt à lire et écouter les deux, puisque Berlioz aussi a beaucoup écrit, et Nietzsche aussi a composé nombre d'œuvres musicales. Ils réclament de nous de l'honnêteté intellectuelle, c'est-à-dire au fond de l'honnêteté humaine tout court. Finalement le choix conjoint de Nietzsche et de Berlioz n'a rien d'innocent : c'est l'exaspération devant l'imbécillité et l'improbité des hommes, y compris parfois de certains universitaires, qui m'a poussé à prendre ainsi leur défense commune. Le destin de ces deux hommes-là m'intéresse au plus haut point, c'est donc autant pour moi que pour eux que j'ai cherché à rétablir leur vérité.

Cette volonté se heurte encore à la plus dure évidence : celles des relations réellement vécues par eux entre eux. À part le frôlement de quelques coïncidences, tout les sépare, ou du moins rien ne les rapproche personnellement. Berlioz, évidemment, n'a jamais entendu parler de Friedrich Nietzsche. Il meurt à Paris en 1869, à l'âge de 66 ans, alors que Nietzsche, qui n'a que 25 ans, achève ses études à Leipzig et prend bientôt un poste à Bâle. Seul demi-hasard qui aurait pu les mettre en présence l'un de l'autre, mais ne les a donc pas mis : en 1867, Berlioz en route pour la deuxième et dernière fois vers la Russie, traverse l'Allemagne où, à Meiningen, se tient un festival consacré à « la musique de l'avenir » dans lequel on joue quelques unes de ses œuvres, et auquel assiste précisément le jeune Nietzsche. Mais c'est nous qui regrettons alors que la rencontre si proche n'ait pas eu lieu, pour les intéressés cela n'avait aucun sens. D'ailleurs même s'ils s'étaient croisés personnellement, on se demande bien ce qu'ils auraient pu se dire…

De son côté, Nietzsche connaît le nom de Berlioz mais, on vient de le dire, ne l'a jamais rencontré et n'a jamais échangé de lettres avec lui. La question du contact personnel entre eux reste sans solution. Ce qui n'empêche pas que depuis 1864 au moins, soit quatre ans avant sa rencontre avec Richard Wagner, Nietzsche s'intéresse à Berlioz, à ses partitions qu'il étudie sur le piano, et à ses écrits dont des traductions viennent d'être publiées. Et ce souci de l'œuvre du musicien français, il le gardera toute sa vie, y compris après la rupture d'avec le même Wagner. Ce qui suffit déjà à aller contre bien des idées reçues. Bien sûr, il ne connaîtra pas toute son œuvre, il n'entendra jamais certaines des partitions les plus importantes, mais l'intérêt passionné et constant qu'il lui porte est forcément l'indice de quelque chose de fort.

Ceci explique que la rencontre, en un sens, entre Berlioz et Nietzsche eut lieu quand même, mais par personnes interposées. Car le philosophe a beaucoup fréquenté des personnalités, souvent éminentes, qui avaient connu directement le musicien français, et il les a tous assailli de questions sur ce dernier dès qu'il en avait l'occasion : Liszt, Hans von Bülow,

Cosima Wagner, fille de Liszt et de la française Marie d'Agoult. Et surtout le plus notoire dans ce milieu-là, Richard Wagner lui-même. Plus ou moins malgré lui, ce dernier aura joué le rôle d'intermédiaire entre le jeune philologue et le vieux musicien français. Wagner a connu Berlioz personnellement qu'il a rencontré plusieurs fois, à Paris, puis à Londres, et même s'ils avaient tout pour ne pas s'entendre vraiment, Berlioz l'aura quand même marqué, sinon franchement influencé. Néanmoins il va de soi que la personnalité du maître de Bayreuth interdit de l'imaginer en train de se répandre généreusement sur un génie autre que le sien. Les relations entre Berlioz et Wagner furent en effet essentiellement négatives : certes leur entente passagère reposait sur le même refus des modes musicales de leur temps et sur une admiration musicienne portant souvent sur les mêmes noms, Shakespeare, Beethoven, Spontini, Weber, Goethe, mais elle n'aura guère résisté à des oppositions de principe concernant rien moins pour eux que la conception de la musique et de ses rapports avec le texte dramatique. Les désaccords psychologiques les séparèrent aussi, mais dans une moindre mesure que ce qu'une tradition paresseuse et superficielle continue parfois d'en penser. Il ne faut pas oublier qu'ils étaient bien assez intelligents, l'un comme l'autre, pour ne pas s'arrêter à de simples conflits de caractères. Leurs raisons étaient bien plus profondes et radicales. De ce fait, on comprend facilement que les questions du jeune Nietzsche ont dû exaspérer le maître plus d'une fois[57].

Curieusement, les relations personnelles qui s'établiront entre Wagner et Nietzsche suivront le même genre d'évolution : une entente première, fondée sur la référence aux mêmes noms, Goethe et Shakespeare également, et surtout Schopenhauer. Puis un désaccord brutal et de plus en plus violent, issu d'une désillusion et d'un désaccord initial profond que ni l'un ni l'autre ne voulaient voir. Ici non plus, l'affaire ne se réduit pas à un simple conflit psychologique. Berlioz a rejeté Wagner et ses conceptions fondamentales, comme Nietzsche a repoussé Wagner, le wagnérisme et les wagnériens. Mais encore une fois, le même rejet d'un troisième terme ne suffit pas à assurer l'accord des deux premiers. Les ennemis de mes ennemis ne deviennent pas forcément mes durables amis. Toutefois le problème Nietzsche et Berlioz est posé, et c'est déjà essentiel.

*

D'autant que, en profondeur précisément, il est évident que tout les rapproche pour dessiner entre eux une affinité élective de premier choix.

Stylistiquement d'abord, et c'est le plus frappant, qui d'ailleurs aura éveillé chez moi le pressentiment

---

57 Et même dès la première fois où Nietzsche a été reçu à Tribschen...

de leur amitié stellaire[58], leurs plumes d'écrivains les apparentent comme des frères. Maîtrise de leurs sujets, hauteur de vues, style concis, acerbe, aérien, d'un humour souverain et d'une précision impitoyable. Voltairien, on l'a souvent remarqué avec raison, celui des plus grands. Certes l'humour de Berlioz est peut-être plus proche de la désinvolture royale, qui méprise et plaint en même temps ce (ceux) dont il se moque, et celui de Nietzsche du sarcasme sans pitié, qui vise et touche en plein cœur. Cela est bien connu de Nietzsche, beaucoup moins de Berlioz, et pourtant, ils comptent tous les deux parmi les plus grands écrivains du XIXe siècle.

Fondamentalement, toutes leurs conceptions sont tellement identiques qu'on ne peut s'empêcher de se demander à la fin si l'un n'a pas influencé l'autre. Même compréhension de la musique, même position de fond sur ses rapports avec le texte, et de façon générale, même vision profondément tragique de la vie et du monde en général.

L'étude assidue le confirme largement : leur rapprochement n'est finalement nullement incongru.

Deux amis, deux frères.

---

58 Sur ces questions, voir mon *Nietzsche et Berlioz, une amitié stellaire,* que les philosophes universitaires ont tort d'ignorer si bien, et dont les berlioziens (du moins en France) n'ont toujours pas compris l'importance

Berlioz, Wagner, Nietzsche

1 – L'importance de la musique pour Nietzsche

Dans sa remarquable introduction à la traduction des *Lettres à Peter Gast*, André Schaeffner se plaignait judicieusement de l'ignorance des philosophes en matière musicale. Ignorance séculaire, trahissant bien un préjugé ancestral qui oppose, sans bien en prendre conscience, la musique à la philosophie, comme savoir plus ou moins absolu de l'Éternel. L'harmonie pythagoricienne, reprise en chœur par tant d'autres, comme modèle de l'univers et clé de sa connaissance, ignore délibérément l'art du devenir incessant qui module sa mélodie dans et par le changement. Au contraire elle apparaît statique et figée comme un éternel unisson de notes tenues sur une échelle qui ne se meut pas, mais se contemple, au mieux, comme une formidable et symétrique architecture immobile, avec les yeux de l'âme, qui précisément en possède. Mais qui n'a pas d'oreilles pour la musique des sphères qui reste incroyablement silencieuse à ses yeux. Le philosophe occidental, depuis son apparition grecque, raisonne trop sur l'Être pour résonner avec le devenir. L'époque moderne, en dépit de quelques exceptions isolées, n'a guère évolué sur ce point sensible, alors qu'elle se présente volontiers comme ayant tout révolutionné par ailleurs. Les philosophes parlent toujours aussi peu de la musique, et toujours aussi mal. Lorsque la philosophie allemande se rue à la suite de Kant sur le jugement esthétique, le sentiment du beau, la classification des arts, elle pense préférentiellement à la littérature, à la peinture, à la sculpture et à l'architecture, mais presque jamais à la musique, dont elle ne sait que faire. Qu'est-ce que Kant savait de Rameau, de Mozart ou de Haydn, ou même de Bach ? Hegel lui-même, qui pourtant n'est pas coutumier de reconnaître volontiers son ignorance en quelque matière, l'avoue en commençant ses réflexions sur la musique, et « doit (s)'excuser à l'avance d'être obligé de (se) borner à quelques remarques isolées »[59]. Humilité émouvante sous sa plume, et qui l'honore.

Nietzsche est ce philosophe exceptionnel, qui dérange les habitudes immémoriales, et qui se refuse le premier, et presque le seul, à séparer musique et philosophie. Chez lui, la philosophie n'a jamais atténué l'intérêt pour la musique, sans doute parce que la musique a compté dans sa vie *avant* la philosophie. En un sens, sa philosophie est née de la volonté de comprendre la musique, ou du moins de la prendre en compte, elle est devenu « d'instinct » la hantise de sa pensée et le modèle de son expression. Ce qui explique de façon préliminaire que les philosophes habituels se méfient toujours d'abord de Nietzsche. Ils n'ont pas tout à fait tort :

---

59 Esthétique, tome 3, p.324

comment en effet comprendre Nietzsche si aucune musique ne vous a jamais ému jusqu'aux entrailles ni n'a jamais exalté votre clairvoyance ? Karl Jaspers, par exemple, ne se presse-t-il pas un peu trop de conclure qu' « en lui, la musique est pour ainsi dire, l'adversaire de la philosophie » ? Et, ignorant complètement l'avertissement du début du *Cas-Wagner* (« on devient plus philosophe à mesure qu'on devient plus musicien »), le grand universitaire de poursuivre sur sa lancée : « sa pensée est d'autant plus philosophique qu'elle est moins musicale. La philosophie de Nietzsche est née de la lutte contre la musique, a été conquise sur elle. Sa propre pensée, aussi bien que les évidences mystiques de l'être qu'il a expérimentées, sont contre et en dehors de la musique »[60]. Si renommé que soit le commentateur, il faut avouer qu'il tend à son lecteur inaverti un piège redoutable : car il cite pour corroborer sa propre thèse un texte qui en fait demande de conclure le contraire. Nietzsche en effet continuait : « Je commençais par m'interdire, radicalement et par principe, toute musique romantique, cet art équivoque, grandiloquent, étouffant, qui prive l'esprit et sa rigueur de son entrain pour l'accabler sous le pullulement de nostalgies confuses, de vagues concupiscences. *Cave musicam...* »[61]. Regrettable illustration de l'art perfide de la coupure qui fit si souvent du mal à

---

60   K. Jaspers, *Nietzsche*, p.42
61   HTH 2, préface de 1886, p.15

Nietzsche. Car ce dernier ne condamne pas toute musique, mais toute « musique romantique ». Ce qui est très différent. Est-ce par hasard si le même paragraphe développe ainsi : « Richard Wagner, (…) romantique désespéré et pourrissant » ? Et plus loin encore : « Si j'attendais encore quelque chose de la musique, c'était dans l'espoir que viendrait peut-être un musicien assez hardi subtil, méchant, méridional, assez débordant de santé... ». Consternant de reconnaître que Jaspers était prêt à fabriquer un faux ! Après cela, cela n'a plus énormément d'importance d'évoquer les supputations paresseuses selon lesquelles Nietzsche, en écrivant cela, penserait à son modeste Peter Gast comme antidote de Richard Wagner. On a trop vite fait de subodorer les goûts incertains de Nietzsche en matière musicale, on n'a même pas vu que toutes les caractéristiques énumérées de l'artiste espéré sont exactement celles de l'esprit libre, du créateur surhumain, du grand affirmateur, poète de soi et de ses propres valeurs. Et on oublie hypocritement que Nietzsche savait bien que ces qualités exigeantes n'étaient pas celles de Gast. Sans doute espérait-il quelqu'un d'autre. Bizet bientôt ? Ou encore quelque autre, dont il tait le nom ? En tout cas, la moralité certaine de cette histoire, c'est toujours qu'il faut se méfier des philosophes qui parlent de Nietzsche sans connaître la musique.

Malheureusement et tout aussi inévitablement l'écueil inverse existe aussi. Faut-il alors se fier aux musiciens pour comprendre Nietzsche ? Une symétrique déception pourrait bien nous attendre. Pour ne citer que les meilleurs qui s'y sont essayés, que doit-on garder du grand article écrit sur le *Cas-Wagner* en 1941 par Wilhelm Fürtwängler ? Qu'un grand musicien de métier s'attaque au problème, on ne saurait s'en plaindre, de surcroît quand il s'agit d'un célèbre et intéressant wagnérien. L'embarrassant, c'est que le défaut de culture philosophique – que par ailleurs il serait injuste de lui reprocher – lui fait commettre quelques erreurs profondes de compréhension et d'interprétation, ou encore des simplifications consternantes de la pensée du philosophe. Ainsi on pardonne avec un sourire le recopiage du lieu commun sur « l'apostasie » de 1876[62] ; pour un peu, on rirait franchement en lisant la suite : « Nous avons le *Cas-Wagner* par Nietzsche ; non pas le *Cas-Nietzsche* par Wagner ». On se demande bien comment ce dernier aurait seulement pu l'écrire... Mais on ne rit plus du tout en découvrant le fil directeur de la compréhension de Nietzsche par Fürtwängler : « ramener l'art à de vagues circonstances biologico-psycho-sexuelles et l'expliquer uniquement par ce biais, c'est à la fois le minimiser et le défigurer ». C'est le moins qu'on puisse dire. Mais on se demande bien où le chef d'orchestre a trouvé ça ! Et dans le même temps on reste pantois de ce qu'il n'a même pas songé à écarter les affreuses déformations infligées au penseur dans cette période sordide du

---

62 W. Fürtwängler, *Musique et verbe*, p.226

début des années 40. Pardonne qui voudra au musicien de traiter de ce qu'il ignore, puisque ce n'était pas sa spécialité. Mais il aurait au moins pu garder le silence.

L'autre musicien de métier, et de renom, qui a tenté de nous éclairer sur *Wagner et Nietzsche* nous a laissés aussi sur notre faim. Dietrich Fischer-Diskau avec une sympathie évidente pour ses personnages et un zèle louable pour rétablir la vérité, dresse une chronique détaillée des relations personnelles des deux auteurs. Toutefois à restreindre le problème à sa seule dimension historique, on se condamne à une intelligence superficielle, presque anecdotique. Tout est vrai, mais rien n'est suffisant ni essentiel. Même l'anecdote personnellement vécue ne prend véritablement son sens que si l'on dégage le cœur du débat entre les deux hommes, c'est-à-dire leurs conceptions fondamentales. Et pour les atteindre, il ne suffit pas d'avoir parcouru quelques pages de Nietzsche et de Wagner, il faut entrer vraiment en philosophie.

C'est l'une des causes supplémentaires du tragique de la postérité de Nietzsche, d'avoir été au carrefour de deux disciplines qui se sont religieusement ignorées l'une l'autre pendant des siècles et d'exiger de son lecteur le même don de double vue. Il y faut en effet la double compétence qui était la sienne, d'être à la fois musicien et philosophe. Ceci d'ailleurs explique, comme c'est souvent le cas pour les positions intermédiaires, qu'il soit devenu la cible privilégiée des deux spécialités extrêmes, chacune lui reprochant tout naturellement d'avoir trop participé de l'autre.

Si donc on veut enfin faire l'effort de comprendre Nietzsche, notamment dans ses relations problématiques avec Wagner, il faut d'abord prendre acte de l'importance de la musique dans sa vie et dans son œuvre. Ne jamais oublier que depuis son adolescence et sans jamais s'arrêter vraiment Nietzsche a composé. Qu'au sortir de l'adolescence il a hésité à choisir sa voie. Qu'avant de s'orienter vers la carrière philologique, sa passion pour la musique a dû le faire rêver d'une carrière musicienne. Il jouait, improvisait et composait sur le piano, mais il était assez lucide pour reconnaître ses lacunes techniques. Jamais il n'eut l'occasion d'approfondir ses connaissances en théorie musicale, composition, instrumentation et orchestration. Par solution de repli, il envisagea même un moment la profession de critique musical. À la fin c'est avec un enthousiasme mitigé qu'il se décida pour la philologie, et c'est Richard Wagner qui, un peu plus tard et non sans une pointe de cruauté, mit un point final à ses velléités musiciennes. Il ne lui resta ensuite que des tentatives de compensation de plus en plus occasionnelles, dignes d'un amateur quand même solidement éclairé. Nietzsche en enfouira toujours le regret, il aurait voulu être musicien, sa correspondance l'atteste sans ambiguïté.

N'empêche, le musicien (solide) amateur (*Musikant*, et non *Musiker*) refait surface régulièrement. Parmi de nombreux exemples, ses lettres à Peter Gast : « Je voudrais bien avoir composé un *Lied* qui pourrait également être exécuté en public, "pour rallier les hommes à ma philosophie" »[63], et il confie à Gast la partition de son *Hymne à la vie* pour profiter de ses révisions et corrections de professionnel. Quelques jours plus tard, il revient sur le même sujet : « Considérez que cet *Hymne à la vie* (pourrai-je le récupérer ?) est un commentaire au *Gai Savoir*, une sorte de basse d'accompagnement »[64]. Plusieurs années plus tard il revient à nouveau sur la même partition dont il vient d'obtenir une élégante édition. Il y rectifie, avec une compétence certaine, une faute de copie : « Le *la dièse* m'est une facilité, je le regrette pour vous, il forme une transition jusqu'à la douce résolution du dernier phrasé. Je supporterais un *la* s'il marquait le début d'une longue cadence (en *fa dièse* mineur) passionnée, tragique, enflant et diminuant, peut-être avec un unisson de violons ; mais tout seul , il vous a un air sec, douloureux, désespéré. En outre, dans ces mesures, la mélodie ne se meut que par secondes mineures ; cette unique seconde majeure (*si-la*) résonne comme une contradiction ». Et il conclut sa lettre sur sa « petite appartenance à la musique et presque aux musiciens »[65]. De même, on aurait tort d'omettre l'allusion d'*Ecce Homo* à une autre de ses compositions : « moi-même, de rage contre ce douceâtre Saxon (Schumann), j'ai composé une

---

63 PG, p.319
64 Ibid. p.322
65 Ibid. p.487

contre-ouverture de *Manfred*, dont Hans von Bülow disait qu'il n'avait jamais rien vu de semblable couché sur du papier à musique, et que c'était un vrai "viol d'Euterpe" ». Ce dernier avait effectivement fort peu apprécié. Nietzsche s'en amuse ici avec superbe, mais sans illusion, car jamais il ne se montra assez benoît pour exagérer sa *petite* appartenance à la musique et *presque* aux musiciens. Son âme était assez profonde pour s'exprimer à travers le chant multicolore, mais il ne fut pas réellement musicien, au sens des artistes de métier. Dans d'autres pages, il le regrette expressément : de Nice à Peter Gast en février 1884, il révèle qu'il « aurait voulu être musicien »[66]. En 1887, un désappointement encore plus explicite : « après tout, je suis un vieux musicien pour qui il n'est de consolation que dans les sons – (…) et ma propre musique (bouquins compris) n'a été faite que faute de mieux... »[67]. Finalement, désespéré, il signera ses lettres : « le musicastre malchanceux ». L'écriture de ses livres ne fut qu'une compensation. Ça n'est donc pas sans raison qu'il se targue d'être devenu à tout le moins le musicien de la langue allemande. On sait qu'il conseillait de ranger *Ainsi parlait Zarathoustra* « parmi les symphonies ». Il ne faut pas mépriser sa fierté d'avoir appris à la langue allemande l'art du chant, d'avoir forcé la logique à la danse de la pensée, d'avoir inventé l'art subtil et

---

66 Ibid. p.372
67 Ibid. p.467

aérien de danser « avec les pieds, les idées et les mots »[68]. Réponse à Jaspers, imparable puisque c'est Nietzsche lui-même qui la signe. Jaspers croyait nietzschéen d'opposer la musique et « la propreté dans les choses de l'esprit », la seconde seule devant être la marque du philosophe libre, s'interdisant en conséquence toute musique… romantique. Pieuse omission ! Contre cette discrète trahison du commentateur, Nietzsche en janvier 1888, soit *après* avoir réécrit les préfaces citées par Jaspers de façon inappropriée, et *encore* en pleine possession de ses moyens intellectuels, écrivait à Gast : « La musique me donne à présent des sensations comme je n'en ai jamais ressenties. Elle me libère de moi-même, elle me détache de moi-même comme si je me regardais, je me sentais de loin ; elle me fortifie en même temps et toujours après une soirée musicale (– j'ai entendu quatre fois *Carmen*), ma matinée abonde en jugements fermes et en idées. C'est très curieux. C'est comme si je m'étais baigné dans un élément *plus naturel*. La vie sans musique n'est qu'une erreur, une besogne éreintante, un exil »[69]. Aveu de grande importance, d'abord pour ceux qui doutent encore de la place de *Carmen* dans le cœur de Nietzsche, et plus généralement pour ceux qui ne sont pas convaincus de l'importance de la musique dans sa vie et dans son œuvre. Ces derniers sans doute n'ont jamais éprouvé par eux-mêmes et en

---

68 CI, p.73
69 PG, p.501

eux-mêmes cette exaltation de la lucidité intellectuelle produite par certaines musiques de choix. Certes quelques unes ont plutôt tendance à obscurcir la faculté de juger et à l'endormir dans la confusion mentale, mais d'autres incontestablement multiplient les forces de l'intelligence. Une expérience qui n'est compréhensible que par ceux qui l'ont déjà vécue.

Dans son œuvre proprement philosophique, la musique fut aussi de première importance. Dès *La Naissance de la tragédie*, Nietzsche entendit souligner le privilège de la musique sur les autres arts. À cet égard, le paragraphe 16 se présente aussi clair et caractéristique dans ses intentions que confus dans son argumentation. Alourdi par la pensée impersonnelle pour lui de ceux auxquels il se rattache nommément, Schopenhauer et Wagner, il s'embourbe quelque peu dans des propos dont on peine à décider ce qui relève de Schopenhauer lui-même, ou de Schopenhauer compris par Wagner, ou même de Schopenhauer compris par Nietzsche à travers Wagner. Il cite les deux auteurs comme s'ils disaient la même chose : Schopenhauer, qu'il faut séparer les arts plastiques qui ne nous livrent que des images du monde phénoménal et la musique qui nous donne l'image de la Volonté elle-même, ou du monde en soi. Cette dichotomie provient en fait plus de Wagner, qui dans la première partie de son propre *Beethoven*, croit reproduire les thèses schopenhauériennes mais les déforme déjà lourdement. Pour Wagner, que Nietzsche cite d'ailleurs aussitôt, les arts plastiques visent la production d'un plaisir causés par de belles formes[70]. Grâce à la beauté de l'apparence, les arts plastiques affranchissent la contemplation esthétique de la Volonté. Et Wagner de jouer habilement sur l'origine commune de s*chön* et de *schein*. Par contre, la musique atteint au sublime parce qu'elle est « elle-même une Idée du monde, par suite une représentation immédiate de l'essence du monde »[71]. Vue par Nietzsche, la musique selon Schopenhauer est « une image de la volonté même »[72]. Première confusion : Wagner a mal compris Schopenhauer, et à l'époque de Tribschen, pousse Nietzsche à partager son erreur. Schopenhauer distinguait bien les deux catégories d'art, mais différemment : l'art était considéré par lui comme le miroir de la vie, l'expression de sa nature, dans la mesure où il déchire le voile de l'individuation pour montrer la vie dans son unité profonde. Ainsi selon lui, les arts plastiques dévoilent les Idées des êtres *avant* que la nature ne les ait réalisés. Idées *ante rem*, où les êtres baignaient dans leur Perfection avant de sombrer dans les imperfections de la vie phénoménale. La musique ne dévoile pas les Idées, elles-mêmes objectivations de la Volonté une et éternelle, mais elle constitue *une autre* objectivation de cette même Volonté, à côté des Idées du monde, avec lesquelles elle entretient des rapports d'analogie. Bref, n'en

---

70   RW, *Beethoven,* p.100
71   Ibid. p.92
72   NT p.103

déplaise à Richard Wagner, la musique est une sorte de double du monde, elle est l'expression de la Volonté, et les arts plastiques ne sont pas une expression du monde phénoménal mais des Idées.

Deuxième confusion, encore plus conséquente : ce que Nietzsche déjà ici fait de la distinction schopenhauériano-wagnérienne n'est plus ni schopenhauérien ni wagnérien. Car il assimile les arts plastiques à Apollon et la musique à Dionysos, et cette distinction donne une toute nouvelle orientation. « Chez (l'artiste plastique), Apollon domine la souffrance de l'individu dans la gloire lumineuse qu'il confère à l'éternité de l'apparence. Ici la douleur est en un certain sens mensongèrement effacée de la nature. Dans l'art dionysien, et dans son symbolisme tragique, la même nature nous parle de sa vraie voix, sans déguisement : "Soyez comme moi ! Je suis la Mère primordiale qui crée éternellement sous le flux changeant des phénomènes, qui contrains sans cesse à l'existence, qui me réjouis sans fin de ces métamorphoses !" »[73]. Dionysos, ou la tragédie, tirée de l'esprit de la musique. L'éternelle métamorphose du devenir qui prend plaisir à elle-même. On est déjà loin de la compréhension de Wagner. Pour Nietzsche, toutes ces confusions révèlent une intuition très claire : la musique surpasse d'emblée les autres arts en tant qu'elle est celui des métamorphoses incessantes, comme la vie elle-même.

---

73 NT, p.108,109

On ferait montre de trop de légèreté à objecter qu'il ne s'agit ici que d'un texte de jeunesse et que Nietzsche a bien pu évoluer ensuite et réviser ses points de vue. Certes il abandonnera la référence à Schopenhauer, puis celle à Wagner, mais on ne peut absolument pas en inférer qu'il abandonnera aussi la musique. Toute sa vie, il fera de ses expériences vécues, y compris celles de la maladie et de la solitude, le matériau premier de sa pensée philosophique personnelle, celui de la conquête de soi. *Il a vécu toute sa vie* l'expérience primordiale de la musique, par quelle invraisemblance l'aurait-il oublié dans sa philosophie ? Vie, musique, philosophie, tout se tient étroitement : « Sans musique, la vie serait une erreur ». La formule adressée à Gast passe dans *Le Crépuscule des idoles*[74]. Musique et philosophie : « Un vrai philosophe (l'idéaliste) n'entendait presque plus la vie, dans la mesure où elle est musique ; il niait donc la musique de la vie… C'est une vieille superstition des philosophes que de penser que toute musique vient des sirènes »[75]. Vie et philosophie enfin, dans et par la musique : « Ce à quoi l'on n'a pas accès par une expérience vécue (Nietzsche parle ici de ceux qui ne comprennent pas sa pensée), on n'a pas d'oreilles pour l'entendre »[76]. Jusqu'au bout, le destin de la musique dans son histoire, fût-elle décadente, et dans sa compréhension, fût-elle

---

74 CI p.15,16
75 GS, §372, p.346
76 EH p.63

périlleuse, lui tiendra particulièrement à cœur. Même après avoir abandonné cette trop schopenhauérienne métaphysique de l'art des sons qui prétendait faire du musicien le « ventriloque de Dieu » ou « le téléphone de l'au-delà »[77]. Restera toujours le privilège pour l'art du temps et des métamorphoses, du conflit et de l'harmonie incessants, par delà l'intérêt sincère mais secondaire pour les autres arts. Nietzsche peut citer admirativement Raphaël pour la peinture, Goethe ou Stendhal pour la littérature, c'est toujours à la musique qu'il revient. Et même quand, par extraordinaire, il fait allusion à l'architecture, c'est presque en en parlant comme de l'art architectonique de la composition musicale[78].

Laissons enfin le philosophe conclure lui-même son itinéraire dans les dernières pages qu'il a décidé de nous laisser : « Il faut souffrir du destin de la musique comme d'une plaie ouverte. Lorsque je souffre du destin de la musique, qu'est-ce donc qui me fait souffrir ? De voir que la musique a perdu le pouvoir de transfigurer le monde, qu'elle est musique de décadence, et non plus flûte de Dionysos… Pour peu cependant que l'on ressente à ce point la cause de la musique comme sa *propre* cause, comme sa *propre* Passion, on trouvera ces pages pleines de ménagement et exagérément modérées »[79].

---

77   GM p.153
78   Voir par exemple le curieux paragraphe sur le « Grand Style » dans le *Crépuscule des idoles*, p.84
79   EH p.132

Loin de moi de prétendre que toute la pensée nietzschéenne se réduise à des considérations musicales sur la musique. Mais je soutiens que la musique joue dans l'élaboration de sa pensée un rôle décisif – et non le seul – tant dans l'édification conceptuelle que par le caractère de l'écriture. Qu'en conséquence il n'y a pas lieu de s'étonner que souvent la référence à la musique puisse aider à mieux le comprendre, et inversement qu'il me semble désespéré de prétendre aborder sa lecture sans aucune connaissance ou au moins sentiment musical.

2 – l'idéal musicien

La formule a deux sens, selon la distribution qu'on adopte du substantif et de son épithète. Ambiguïté qui n'aurait pas forcément déplu à Nietzsche.

Si on prend d'abord idéal comme substantif, on pose un problème philosophiquement central, car il est notoire que Nietzsche a cherché pendant toute sa vie et tout au long de son œuvre l'idéal humain qu'il pressentait en lui et qu'il prophétisa abondamment. Le « deviens ce que tu es » repris de Pindare par le jeune étudiant en philologie, servira de sous-titre à *Ecce Homo*. Il est à superposer à la prophétie de Zarathoustra : « L'homme est quelque chose qui doit être surmonté »[80]. Certes Nietzsche nous apprend dans le même temps à nous méfier du vocable dangereux. On sait sa haine viscérale pour tout idéalisme, sa critique impitoyable du « mensonge de l'idéal » : « Ce n'est pas moi qui dresserai jamais aucune nouvelle idole (…). *Renverser les idoles* (et par "idoles", j'entends tout "idéal"), telle est plutôt mon affaire »[81]. Contre tous les vieux idéaux, plus ou moins bien restaurés dans le vocabulaire à la mode, Nietzsche frappe à coups de marteau dévastateurs : il élabore une psychologie menée de façon généalogique, et se demande en « médecin de l'âme » à quel type d'hommes correspond l'exigence des valeurs. Il peut alors diagnostiquer le symptôme d'une mauvaise santé, plus métaphysique que biologique. Il n'empêche, l'incapacité, l'involonté pourrait-on dire, de vivre manifestée par les décadents, appelle le courage surhumain de la grande affirmation. Ce faisant, le philosophe anti-idéaliste s'ouvre immanquablement à la prédiction d'un autre idéal, inversion presque symétrique du premier. Il aime alors se présenter comme le découvreur d'une terre inexplorée, « Argonaute de l'idéal »[82], prophète baptiste et païen à la fois du type humain à venir : « Cet homme de l'avenir qui nous délivrera de l'idéal actuel (…), ce libérateur de la volonté qui rendra au monde son but, et à

---

80 APZ prologue, §8, p.18
81 EH avant-propos, §3, p.8
82 GS, §382, p.362

l'homme son exigence, (…) *il faut* qu'il vienne un jour »[83].

Mais la musique, où est-elle dans cette prédication ? L'a-t-on égarée en route ? Qu'a-t-elle à voir avec le nouveau but ? « L'ivresse de la volonté, l'ivresse d'une volonté accumulée et dilatée. – L'essentiel dans l'ivresse, c'est le sentiment de la force accrue et de la plénitude ». Presque immédiatement, Nietzsche poursuit : « Dans cet état, on enrichit tout cela de sa propre plénitude. (…) L'homme ainsi conditionné transforme les choses jusqu'à ce qu'elles reflètent sa puissance (…). Cette transformation *forcée*, cette transformation en ce qui est parfait, c'est – de l'art ». Et plus loin encore, pour écarter toute incompréhension : « Il serait permis de se figurer un état contraire, un état spécifique des instincts anti-artistiques, une façon de se comporter qui appauvrirait, amincirait, anémierait toutes choses »[84]. Idée centrale qui irrigue toute sa pensée. Et sur quoi enchaîne-t-il dès le paragraphe suivant ? Sur la musique. La leçon : les idéaux correspondent à des types d'hommes dont la généalogie nietzschéenne nous apprend à peser la valeur. L'idéal négateur, qui anémie la vie, correspond à celui qui a peur d'elle, et veut la dénigrer pour s'en venger et s'en protéger. L'Idéal affirmateur qui valorise la vie jusqu'à sa perfection la transforme en chef d'œuvre. L'artiste contre le

---

83 GM p.139
84 CI p.81,82

prêtre. Bientôt Nietzsche osera dire : Dionysos contre le crucifié. En cherchant l'idéal humain qu'il voulait de tout son être, Nietzsche a trouvé l'artiste pour l'exprimer, et d'abord et avant tout le musicien.

Sans doute de façon apparentée et complémentaire, il est fort connu qu'il a cherché aussi inlassablement le musicien idéal. Celui qui répondrait à ses vœux, et qui devait servir d'illustration triomphale à l'idéal précédent. De temps à autre, il a cru le rencontrer, souvent il a été déçu. Pourtant toujours il a préservé jalousement la possibilité de cette rencontre tant espérée. Car l'homme surhumain n'est pas qu'un projet pour l'avenir, ou plutôt il ne l'est que parce qu'il s'est déjà réalisé : « Ce type de valeur supérieure a déjà existé assez souvent : mais comme une chance fortuite comme une exception, – jamais en tant que voulu »[85]. Intuition fondamentale et plus fréquente qu'on ne pense dans la pensée de Nietzsche, à la croisée de tous les chemins de son cœur, dont celui de l'éternel retour, qui s'en trouve singulièrement éclairé. Dans le même jeu de fragments destinés d'abord à devenir la préface de l'évanescente *Volonté de puissance*, Nietzsche se présentait de façon originale mais non nouvelle, comme le seul philosophe à avoir surmonté également les histoires finalisées vers un progrès écrit d'avance, véritables théologies déguisées[86], et les histoires abdiquées de

---

85 FP XIII, p.365
86 Cf. la 2ᵉ Inactuelle

façon symétrique par les nihilistes européens qui renoncent à l'espérance du futur par désespoir du passé. Contre toutes ces visions linéaires qui s'achèvent aujourd'hui ou demain, ce qui finalement ne fait guère de différence, Nietzsche affirme orgueilleusement le retour à soi, à la valeur, au surhumain. L'Idéal est visé et visible parce qu'il a déjà été. De loin en loin, l'humanité s'est déjà accomplie dans l'individu exceptionnel qui la dépasse. Le but de l'humanité, c'est précisément de produire ce qu'elle a déjà produit : le surhumain. Et si ce surhumain recouvre d'abord les traits de l'artiste en général et du musicien en particulier, il a bien pu et dû tout faire pour le chercher, le trouver et nous l'indiquer. Cela est l'évidence depuis ses premières allusions aux musiciens qu'il vénère : Schumann, Schubert, Beethoven, Mendelssohn, jusqu'à ses incertitudes finales : Bizet, parfois un peu vite associé à Offenbach ou à Peter Gast. Bien sûr il a surtout cru le trouver, cet idéal cher à son cœur et à sa vie, en Richard Wagner. Mais il a vite reconnu sa méprise, et cela bien avant le *Cas-Wagner*. À reculons : le *Crépuscule des idoles*, qui ne choisit pas son titre par hasard, coupe court à la vaine recherche : « J'ai cherché des grands hommes et je n'ai trouvé que les singes de leur idéal »[87]. Bien plus tôt, le paragraphe 183 du *Gai Savoir* : « La musique du meilleur avenir. Le premier musicien serait pour moi celui qui ne connaîtrait que la

---

87 CI, p.17

tristesse du plus profond bonheur, et qui ignorerait toute autre : on ne l'a pas trouvé jusqu'ici ». Un minimum de familiarité musicale suffit pour ne pas douter que c'est bien Wagner qui est ainsi ciblé.

Nietzsche aurait bien voulu rencontrer le musicien-type qui eût correspondu en chair et en os à son type-musicien. Est-ce sa faute s'il ne l'a pas trouvé ? Faut-il lui garder rancune d'avoir eu le courage de reconnaître ses méprises ? En tout cas, on ne peut pas lui reprocher de n'avoir pas continué d'en rêver inlassablement. Pourtant il n'est pas impossible qu'il l'ait frôlé, et qu'il en ait pris pleine conscience. Ne sent-on pas sourdre une stupéfiante impatience dans cette page de *Par delà Bien et Mal*, tracée délibérément pour prévenir la musique de la germanité nordique : « Un méridional de ce genre, méridional non pas de naissance mais de *foi*, s'il se prend à songer à la musique de l'avenir et aussi de délivrer la musique du nord, devra avoir à l'oreille le prélude d'une musique plus profonde et plus puissante, peut-être plus méchante et plus mystérieuse, d'une musique plus qu'allemande qui ne pâlit et ne s'éteint pas, comme toute musique allemande, en présence de la voluptueuse mer d'azur et de la lumière du ciel méditerranéen, d'une musique plus qu'européenne, capable de se légitimer même en face d'un coucher de soleil sur le désert, dont l'âme s'apparenterait à celle du palmier, qui se sentirait chez soi parmi les beaux fauves solitaires et rôderait à l'aise parmi eux… J'imagine une musique dont la plus rare magie serait de ne plus rien savoir du bien et du mal, sinon peut-être qu'une nostalgie de marin l'effleurerait çà et là, quelques ombres dorées, quelques subtiles faiblesses : un art qui, de très loin, verrait se réfugier en lui les échos d'un monde moral agonisant, devenu presque inintelligible, une musique assez accueillante et profonde pour recevoir ces fugitifs attardés »[88]. Personne ne croit plus sérieusement que Nietzsche songerait en ces pages à quelque passage de Wagner, quelques uns pensent encore qu'il y fait allusion à Bizet et à sa *Carmen*, mais tout porte à croire que derrière Bizet il pourrait bien indiquer une autre direction qui leur conviendrait beaucoup mieux. Dans *Carmen*, pas de mer d'azur, pas de coucher de soleil, pas de désert « plus qu'européen », point de fauves, point de nostalgie de marin, point de monde moral agonisant, point de fugitifs attardés, et même pas de Méditerranée. Non, Nietzsche ne pense pas à l'Espagne, mais de toute évidence à l'Afrique, à la chaleur de ses couleurs, à la vie brûlante de ses fauves et à la dureté profonde et puissante de sa sensualité. Où est-elle donc cette musique de la « rive africaine », de la « mer endormie » et du « beau ciel d'Afrique », où les héros nouent leurs amours au milieu des bêtes sauvages et des combats guerriers, où ils vivent leurs destins parmi les vaines nostalgies de marins qui « rêve(nt) à (leur) pays » qu'ils ne reverront pas, où ce « peuple errant » après « avoir trop tardé » se précipite lui-même au devant

---

88   PBM, p.205

de la malédiction de ses dieux ? Quel pourrait être enfin ce musicien qui se croyait allemand mais ne l'était pas, qui rêva sa vie durant de l'Europe musicale et culturelle, et qui inonda toute sa musique de la clarté et de la légèreté de l'air et de la lumière ? Se peut-il vraiment qu'il n'existât pas ? Nietzsche n'en a-t-il vraiment rien su ? Aurait-il tout inventé de lui ? Ou bien l'a-t-il cherché, après l'avoir pressenti ?

Si étonnant que cela puisse paraître, la présente page, qui n'est rien moins que marginale chez Nietzsche mais définit bien le cœur même de sa pensée entière, interroge toujours tous les spécialistes qui restent sans solution. Or elle rappelle étrangement *Les Troyens* d'Hector Berlioz. Et quand c'est, comme ici, mot pour mot, on hésite à parler encore de pure coïncidence. Superposition troublante, mais, on l'avoue volontiers, superficielle. À moins que la surface ne devienne indice, signe, symptôme d'une affinité plus profonde et plus réelle qui relia les deux hommes d'une façon tout à fait exceptionnelle. Certes Nietzsche n'a jamais parlé des *Troyens* au grand jour. Pire, on peut être à peu près sûr qu'il n'a jamais eu l'occasion d'en entendre un extrait. Mais d'une part, Berlioz l'a toujours intéressé, depuis 1864 à Bonn où le jeune étudiant s'était taillé une réputation de berliozien, jusqu'à *Ecce Homo* en 1888, son dernier ouvrage dans lequel il cite pour la première fois le nom de Berlioz. Et surtout d'autre part, il possédait dans sa bibliothèque personnelle le livre d'Alfred Ernst,

L'œuvre dramatique d'Hector Berlioz[89], dans lequel se trouvent telles quelles *toutes* les formules du mystérieux paragraphe de *Par delà Bien et Mal* qu'on citait plus haut.

Personne ne peut plus douter aujourd'hui de l'étroite parenté spirituelle entre Nietzsche et Berlioz. On pose donc la question : Hector Berlioz, derrière Bizet, aurait-il été ce musicien toujours rêvé, cet artiste toujours attendu et cet ami jamais trouvé ? C'est difficile de le dire définitivement, mais ça l'est bien plus encore de penser qu'il n'a pas contribué sérieusement à dessiner le pendant humain et philosophique de Richard Wagner.

3 – *genèse d'une recherche*

N'en déplaise à quelque spécialistes que ce soit, et sans risquer d'étonner quiconque entretient une certaine familiarité avec ces auteurs, je peux concentrer l'origine de mes recherches au sujet de Nietzsche et Berlioz sur une simple mais décisive question de style. Ce n'est pas d'abord le contenu de la pensée nietzschéenne qui m'a fait penser à Berlioz, et pour cause, puisque toute comparaison présuppose des termes comparables, ce qui évidemment n'est pas le cas ici. Berlioz n'est pas philosophe, ne donna jamais dans la métaphysique,

---

89 Cf. André Schaeffner, préface des *Lettres à Peter Gast*, p.85

ne s'essaya pas davantage à la construction d'une éventuel système, s'intéressa toujours fort peu aux professionnels de la philosophie, détesta même copieusement ces derniers alors qu'il en croisa personnellement deux ou trois dans sa vie, et jamais ne jeta les têtes de pont d'une quelconque esthétique destinée à justifier son propre travail d'artiste. Je n'ai pas davantage songé à Nietzsche en découvrant progressivement la musique de Berlioz. En revanche, en lisant et relisant Nietzsche, je n'ai jamais pu me garder d'une sorte d'évidence, qui rejaillit sur la compréhension de son parcours personnel et philosophique. Le style de Nietzsche, sa façon d'écrire au fur et à mesure qu'ils deviennent plus personnels, se différencient irréparablement de celui, littéraire et musical, de Wagner. Stylistiquement, ces deux-là, c'est sûr, ne peuvent pas aller ensemble.

Wagner écrit ses textes (et ses musiques ?) en un style chargé d'épithètes, alourdi de métaphores parfois pesantes, contourné de détours dans lesquels il lui arrive de se perdre lui-même[90]. Un style encombré de prétentions métaphysiciennes, pas toujours du meilleur cru, qui déroule de longues phrases ronflantes, enchevêtrées de subordonnées empilées, qui fait toujours plus ou moins penser à la puissance irrésistible du ras de marée qui noie tout

---

90 À tel point que quelquefois les Allemands préfèrent le lire en français, le traducteur ayant fait les corrections syntaxiques nécessaires pour rendre un peu de clarté à la pensée.

sur son passage. Et s'il est vrai que le style, c'est l'homme, on ne s'étonne pas trop de voir que la personnalité de Wagner est du même ordre. Nietzsche s'en était bien aperçu et l'a souvent répété : la musique wagnérienne baigne dans la brume humide comme dans son élément, et l'obstination de sa continuité sans fin évoque sans cesse la puissance éternellement submergeante du flux et du reflux. D'instinct, son orchestre excelle dans la description de l'universelle aquosité où toutes choses se brouillent sans commencement ni fin, et pas seulement du déferlement soudain de la tempête brumeuse du Nord. Sans doute l'œuvre culmine-t-elle dans la profondeur des eaux souterraines du Rhin. La musique emporte son auditeur comme une lame de fond et submerge comme un déluge. C'est dans l'eau que la poésie wagnérienne trouve son style.

Celui de Nietzsche, de son propre aveu mille fois répété, appelle les cimes et les espaces transparents, où la vue transperce tout de sa précision d'aigle ; son élément est le froid de la glace, plus encore que de la neige, là où seule la solitude la plus rare supporte l'eau qui n'est plus eau mais roche dure et miroir de lumière. Lumière aveuglante et pénétrante, espaces ouverts et sans pitié, le style de Nietzsche est concis, précis, acéré, mordant. L'« Hyperboréen » est sans conteste possible un aérien, Bachelard l'a bien montré dans son chapitre au titre peu amène du

« Psychisme ascensionnel », dans *L'air et les songes*[91]. Wagner emporte son auditeur passivement par le flot de son style pour l'y noyer et l'y perdre. Par le sien, Nietzsche pousse son lecteur à se libérer de sa pesanteur naturelle, à surmonter pour surplomber, à voler au dessus de la terre pour mieux la comprendre, à vouloir au dessus de lui-même pour mieux se trouver et devenir enfin ce qu'il est. L'eau et l'air, la noyade ou la solitude glacée. L'abandon ou le chemin de soi. Comment Nietzsche aurait-il pu être assez aveugle pour ne pas sentir d'emblée ce qu'il écrira de Wagner à la fin de sa vie ? Leurs styles s'opposent déjà trop, lire l'un c'est presque fatalement rejeter l'autre.

Étonnamment le style de Berlioz, littérairement et musicalement aux antipodes de celui de Wagner, m'a toujours fait penser à celui de Nietzsche. Précis et concis, Berlioz admire Voltaire bien plus que Lamartine ou Hugo. Car ce prétendu « romantisme fait homme » n'a décidément jamais été le romantisme fait plume. : la sienne est acerbe et tranchante, voire impitoyable quand est en jeu ce qui lui est sacré. Économe et retenue en permanence, son écriture n'abuse pas des mots et encore moins de leur accumulation, elle préfère le mot juste. Les images, inattendues et fulgurantes, sont parfois les mêmes que celles de Nietzsche. Le ton toujours distancié, légèrement en recul sur son texte, Berlioz s'amuse toujours en écrivant ce qu'il écrit comme il

---

91 p.146

l'écrit, en dépit de son soi-disant « travail de bagnard », ou plutôt il transmute sa peine à écrire en joie d'écrire. Jamais exhibitionniste comme on le croit encore, mais pudique dans ses écrits, presque farouche. Jamais il ne parle de ce qu'il fait, mais plutôt de ce qu'il ne fait pas, y compris dans sa correspondance privée. À tel point que, lorsqu'il se répand généreusement sur un ouvrage en projet, on peut deviner presque à coups sûrs qu'il ne l'accomplira pas ; inversement celui qu'il prévoit vraiment, apparaîtra d'un coup, sans avoir été annoncé, et encore moins commenté d'avance. Ce qui explique qu'on sache si peu de choses sur la genèse de ses œuvres : « Je ne reçois pas à la cuisine », aimait-il à confier sans plus. Quand il feint de parler de ses sentiments personnels ou de ses malheurs privés, c'est pour mieux se cacher et s'en protéger. Berlioz aura toujours été le champion du détournement. Exemple : de la femme que probablement il aima le plus profondément au monde[92], il n'écrira rien. Au contraire, des femmes qui finalement compteront peu, il brodera sciemment les histoires les plus funambulesques, dont il garde la sagesse de ne pas croire un mot. On se trompe fort quand on les prend encore aujourd'hui au pied de la lettre. Songeons au fameux épisode du projet de double assassinat de la volage Camille Moke et de son « hippopotame » de mère, dans ses *Mémoires*. Comment fait-on pour oublier qu'il le reprend dans

---

92 La mystérieuse Amélie...

une scène de fiction avouée de son *Euphonia* ? Pudique, distingué, jamais vulgaire, toujours d'une élégance raffinée, d'une maîtrise inouïe de la langue française, voilà le style littéraire de Berlioz. Son style musical possède les mêmes qualités : vigoureux et lumineux, délicat, toujours imprévu, jamais ennuyeux, limpide et retenu, de l'ordre de la litote, ennemi de l'emphase. Musique tonique et tonifiante, douée au plus haut point de la puissance d'exalter les forces vives de son auditeur. Berlioz n'endort pas, il stimule. Il exige l'attention au détail, y compris dans les gigantesques effets de masse. Et pour la tendresse la plus sensuelle, la douleur la plus pudique, comme pour les éclats les plus fracassants, Berlioz garde un incroyable sens de la mesure. Rythmiquement parlant, mais aussi psychologiquement.

Il avait raison : on ne sait ce que romantique veut dire, il est un classique. Quel que soit son sujet, jamais il ne force l'expression : il fuit l'outrance et se contente toujours du minimum nécessaire. Mais ce n'est pas sa faute si parfois son sujet exige de lui la puissance expressive de six cents musiciens. Le tour de force, c'est de savoir encore s'en servir selon le minimum. Formellement son orchestration préserve systématiquement la clarté de l'ensemble, notamment en évitant de surcharger le registre *medium*. Quant à son instrumentation, elle est toujours ciselée de façon à mettre en valeur les timbres originaux de chaque famille d'instruments. Son individualisation des sons et des couleurs se conçoit aux antipodes d'une musique qui fond les sonorités pour les noyer dans une masse indistincte.

Bref, comme écrivain et comme musicien, Berlioz développe d'instinct un style dont l'évidence l'apparente irrésistiblement à celui de Nietzsche. Leurs qualités sont, sinon les mêmes, du moins du même ordre. On renonce à imaginer qu'ils n'aient jamais pu tendre à se rencontrer d'une manière ou d'une autre.

Prétendre relier des personnalités par l'intermédiaire des œuvres qu'elles ont laissées, relève donc d'une entreprise humaine et personnelle beaucoup plus que d'un travail technique. Faut-il alors, comme disait Nietzsche « céder au devoir humiliant de dire qui je suis ? » Sans doute, puisque je suis le premier à dire qu'il s'agit là d'une entreprise humaine engagée par un homme, donc par une personnalité définie elle-même qui choisit de se mettre en rapport avec d'autres personnalités particulières. Quelques mots donc d'un itinéraire personnel qui m'a mené là : j'ai aimé la musique avant la philosophie, singulièrement j'ai commencé par être fasciné par celle de Richard Wagner. Mon adolescence a été illuminée par les mythes brumeux du musicien allemand. C'est secondairement que j'ai eu l'occasion de découvrir petit à petit[93] la musique de Berlioz. Me retrouvant mieux dans la clarté, la diversité et l'infinie variété, j'ai vibré de plus en plus

---

93 Il faut dire qu'à l'époque, les Français savaient en effet très peu de choses de leur immense musicien.

profondément à la puissance expressive de cette musique française, et je crois bien avoir échappé à la fascination wagnérienne quand j'ai compris tout ce que Wagner devait à Berlioz sans en avoir rien dit. En me lançant dans les études de philosophie, j'ai confirmé toujours plus mes pressentiments au sujet du faux-semblant de la philosophaillerie qui encombre les drames wagnériens et qui font encore se pâmer nos bons critiques professionnels, et conjointement au sujet de la profondeur inverse – et parfaitement ignorée en France – de l'apparente simplicité berliozienne. Il y avait là pour moi une injustice à réparer, une erreur à rectifier. Sans pour autant rejeter la valeur de toute œuvre wagnérienne, ce qui serait simpliste et inversement injuste. D'autre part, j'apprenais que la philosophie peut bien prétendre résoudre beaucoup de problèmes, mais qu'elle reste étonnamment impuissante devant la musique. Ma découverte de Nietzsche fut plus longue, et plus contournée : d'abord elle était restée superficiellement préliminaire, juste le nécessaire pour un professeur de philosophie. Mais je suis peu à peu revenu vers lui, d'abord à la suite de quelques expériences vécues sur le mode de l'épreuve, puis parce qu'il me paraissait le seul penseur à avoir osé affronter la question de la musique dans et par sa philosophie. Et puis, il avait connu Wagner. Et l'avait renié – du moins selon ce qu'on disait partout. Et Wagner avait connu Berlioz. La triade se dessinait pour moi, et devenait de plus en plus le lieu par excellence pour poser le problème des rapports entre musique et philosophie. La parenté des styles de Berlioz et de Nietzsche, et plus encore le sens même du grand œuvre berliozien, *Les Troyens*[94], qui me semblait ne pouvoir être vraiment compris que dans une perspective nietzschéenne, ouvraient immanquablement un éventail de questions passionnantes, mettant en jeu toutes les positions fondamentales de ces trois génies sur tous les problèmes de l'art et de la vie en général.

La fréquentation habituelle des drames et des écrits wagnériens, la connaissance toujours approfondie de la musique et des textes berlioziens, l'approche patiente de la pensée et de l'art nietzschéens mènent nécessairement à une problématique profonde et... neuve. À l'intérieur même de ce triangle prodigieux, les relations couplées deux à deux méritent la révision, sous l'éclairage fondamental de l'entre-tissage de la musique et de la philosophie. On l'a dit, habituellement les philosophes ne devinent pas les allusions musicales de Nietzsche, et les musiciens ne savent pas grand-chose de sa philosophie. Curieusement il en est de même des deux autres : les musiciens (et musicologues) répètent souvent comme des moutons les tentatives philosophiques de Wagner sans les comprendre ni savoir d'où elles viennent, et ignorent complètement qu'il y a aussi beaucoup de philosophie chez Berlioz, même si elle ne se voit pas au premier coup d'œil. Quant aux

---

94   Cf. mon ouvrage *Les Troyens ou la tragédie de l'Absence*

philosophes, inutile de préciser leur ignorance abyssale concernant Wagner et plus encore Berlioz. Et tous manquent ainsi un monde de découvertes.

Résumons les idées reçues. Nietzsche et Wagner d'abord. C'est par eux qu'il faut commencer, car c'est à leur sujet que les préjugés se sont ancrés peu à peu. Position rebattue, encore aujourd'hui, même par tel ou tel qui se croit éclairé : Nietzsche fait la connaissance de Wagner, il est subjugué, et lui offre ses services de penseur. Puis brutalement il se retourne comme une crêpe, trahit l'amitié, renie sa parole et voue son ancienne admiration aux Gémonies les plus vengeresses. Traditionnellement les questions s'ordonnent à partir de là : pourquoi Nietzsche a-t-il changé d'avis ? Et quand ? Présupposé : l'amitié entre les deux hommes était totale et sincère. Solution sous-entendue dès le départ : Nietzsche était un instable, comme le confirmera un peu plus tard son effondrement dans la folie. Procédé facile et courant, que celui qui écrit ainsi discrètement l'histoire à l'envers, Bergson l'appelait joliment l'illusion du futur antérieur. Mais aussi incohérence profonde, sinon mauvaise foi, de cette vision des choses : comment une amitié sincère et totale peut-elle se rompre ? À force ensuite d'accumuler les dates de rupture, un peu comme Althusser qui en son temps s'évertuait à dater ici ou là, ici et là, la rupture épistémologique qu'il voulait à tout prix voir dans l'évolution de la pensée de Karl Marx, cette incertitude finit par jeter quelque doute sur l'entreprise. Et surtout on s'oblige à laisser prudemment dans l'ombre tous les textes qui viennent hurler le contraire de ce qu'on voudrait[95]. Pour être rectifiée, toute cette problématique doit être inversée de fond en comble. Quand on pose mal le problème, on ne risque pas de le résoudre. L'histoire personnelle et intellectuelle des relations de Wagner et de Nietzsche n'est pas celle d'une amitié rompue, mais celle d'un décalage, d'un déphasage, d'une incompréhension qui parvient peu à peu à la lumière. D'une désillusion en somme. Et c'est toujours le plus long et le plus difficile : finir par reconnaître qu'on s'est mépris, qu'on s'est abusé, et surtout qu'on s'est trompé soi-même. Cela s'appelle un malentendu.

Lorsque Nietzsche rencontre Wagner, il est réellement fasciné par cet artiste génial qui glose brillamment sur les Grecs, la tragédie attique et Schopenhauer. Mais d'emblée, l'amitié incontestable porte à faux : sous les mêmes mots ils ne mettent pas les mêmes choses. Nietzsche se refuse d'abord à admettre ce désaccord initial, mais bientôt sa probité le contraint à reconnaître l'inévitable. Il confie ses réserves déjà accablantes à ses inédits, puis, devant l'évolution personnelle de Wagner, il fait éclater au grand jour son opposition idéologique. Plus il ira, plus sa hargne se déversera contre les idées de Wagner – jamais contre l'homme, dont jamais il ne reniera l'amitié toujours regrettée –, parce qu'il

---

95 Cf. le livre de Georges Liébert sur *Nietzsche et la musique*, désolant de fourberie intellectuelle à l'encontre de Nietzsche et au service de Richard Wagner.

s'était laissé abusé par le Maître, ou plutôt parce qu'il s'était abusé lui-même. Il l'a écrit de sa propre plume, c'est d'une victoire sur soi qu'il s'agit. D'où cette lucidité impitoyable. La rupture n'a plus besoin d'être expliquée, car à tout prendre, il n'y a pas eu de rupture. Les questions peuvent alors être remises dans l'ordre : en quoi, pourquoi, par quoi, Nietzsche a-t-il été attiré par Wagner ? En quoi consiste leur désaccord initial ? Je l'ai conclu ailleurs : Nietzsche a toujours aimé l'homme Wagner, mais il n'a jamais été wagnérien. Toutes ses conceptions, depuis ses études philologiques, rendent leur entente conceptuelle purement et simplement impossible. Toutes les preuves s'en trouvent tout au long de son œuvre, dès les toutes premières, celles qui devaient rester inédites et même *La Naissance de la tragédie*, encore réputée élogieuse du musicien de Bayreuth, et pourtant définitivement critique à son égard. Wagner n'y a lui-même rien compris.

Leurs conceptions respectives de la musique, du texte, de la tragédie, sans parler de la philosophie, leur interdisaient de s'entendre. Curieusement il en va d'une manière analogue entre Wagner et Berlioz, en dépit une nouvelle fois de ce qu'on écrit encore sur eux. Version convenue : d'abord entre eux, la compréhension, le partage, presque l'amitié, puis la rupture brutale, injuste, incompréhensible de la part de Berlioz (bien sûr). Wagner, éternel victime de l'ingratitude, souffre-douleur innocent des irrespectueux qui le côtoient. Image tenace qui finit quand même par éveiller le soupçon. Wagner

systématiquement trahi, délaissé, abandonné !
Étrange similitude qui devient suspecte. À force de
poser ces questions séparément, les commentateurs
auront au mieux pressenti les problèmes, mais ne les
auront jamais superposés. Et Wagner en aura
largement profité : les philosophes, si du moins ils le
font, traitent de ses relations avec Nietzsche en
ignorant Berlioz ; les musiciens abordent ses
relations avec Berlioz sans connaître Nietzsche. La
superposition s'impose donc plus que jamais.
Comme pour Nietzsche, les questions se
réordonnent : en quoi a consisté la prétendue amitié
entre les deux musiciens ? Sur quoi a reposé leur
mésentente annoncée ? Il convient de mettre enfin à
jour l'incompatibilité de leurs conceptions
fondamentales. Et du même coup dépasser
l'explication officielle qui traîne encore de-ci de-là :
les fanfaronnades vengeresses de Marie Recio dans
les couloirs de l'Opéra Italien lors des concerts-
Wagner de 1860 n'expliquent rien, mais réclament
au contraire une véritable explication. La divergence
de deux personnalités aussi éminentes ne résultent
pas des jappements d'une petite femme.

En fait, l'opposition de Berlioz à Wagner anticipe
largement sur celle de Nietzsche quelques années
plus tard. À tel point qu'il n'est pas exclu que l'une
ait influencé l'autre[96]. Quoi qu'il en soit, cette
double opposition suggère bel et bien une affinité

---

96 Les arguments de Nietzsche dans le *Cas-Wagner* sont du
    même ordre que ceux de Berlioz dans *À travers chants*.

très nette entre Berlioz et Nietzsche. Même si Nietzsche savait relativement peu de choses de Berlioz et de son œuvre – qui était bien peu jouée à cette époque –, il n'empêche qu'il a toujours cherché à en savoir plus. Ce qu'il en savait lui plaisait, et ce qu'il en ignorait lui eût sans doute plu encore davantage. Il n'est pas exclu que Berlioz devînt même au moins l'inspirateur de cet artiste idéal, de ce créateur artiste que Nietzsche a toujours cherché sans jamais n'en trouver que de mauvaises caricatures. Peut-être, par delà l'obstacle insignifiant des temps différents, aurait-il pu devenir l'ami si désespérément espéré… À la fin de sa vie, Berlioz regrettait de n'avoir pas connu Shakespeare autrement que par ses œuvres. Qui sait ? Peut-être Nietzsche aurait-il pu regretter à son tour de n'avoir pas connu Berlioz. Mais cela est certain, il l'aura pressenti.

Le plus étonnant reste désormais la lumière mutuelle que ces deux génies jettent l'un sur l'autre au moyen de leurs œuvres : la pensée de Nietzsche confère une profondeur inaperçue à l'art de Berlioz, comme parfois, la clairvoyance de Berlioz permet d'éclairer certains obscurités de la philosophie de Nietzsche.

Ouvrages cités

NT   Naissance de la tragédie, Médiations-Denoël, 1964
I   Considérations inactuelles, Aubier-Montaigne, 1976
HTH   Humain, trop humain, Idées Gallimard, 1968
A   Aurore, Idées Gallimard, 1970
GS   Gai Savoir, Idées Gallimard, 1950
APZ   Ainsi parlait Zarathoustra, Livre de poche, 1963
PBM Par delà Bien et Mal, Idées Gallimard, 1971
GM   Généalogie de la morale, Idées Gallimard, 1964
CI   Crépuscule des idoles, Denoël-Gonthier, 1980
CW   Le Cas-Wagner, Pauvert, 1968
EH   Ecce Homo, Idées Gallimard, 1974

PG   Lettres à Peter Gast, Bourgois, 1981
NRS Nietzsche, Rée, Salomé, correspondance, PUF 1979

Table des matières